Intermediate Spanish Short Stories

Volume 1

10 Amazing Short Tales to Learn Spanish & Quickly Grow Your Vocabulary the Fun Way!

Touri

https://touri.co/

ISBN: 9781953149077

Copyright © 2020 by Touri Language Learning.
Second Paperback Edition: June 2020
First Paperback Edition: September 2018

All Right Reserved.

No part of this publication may be reproduced, distributed, or transmitted in any form or by any means, including photocopying, recording, or other electronic or mechanical methods, or by any information storage and retrieval system without the prior written permission of the publisher, except in the case of very brief quotations embodied in critical reviews and certain other noncommercial uses permitted by copyright law.

Contents

Free Audiobooks 1

Resources 2

Why We Wrote This Book 5

How To Read This Book 6

Free Spanish Video Course 7

Chapter 1. El rey ingrato 8

Chapter 2. The pirate, princess & aliens 21

Chapter 3. Broken frame & lies 35

Chapter 4. El hombre de la grúa 47

Chapter 5. Destino fantasma 58

Chapter 6. El castigo 70

Chapter 7. El secreto 82

Chapter 8. Al escondite 94

Chapter 9. Somos juguetes 106

Chapter 10. Marionetas 118

Conclusion 129

About the Author 130

Other Books By Touri 131

Free Audiobooks 135

WANT THE AUDIOBOOK FOR FREE?

We have a **limited** amount of **free** promotional codes for this audiobook.

Here's how it works:

1. **Visit the link below** to see the listing on AudiobookRocket
2. Request a free promo code from us
3. In **30 days** leave an honest, unbiased review on the audiobook.
4. Confirm & notify us on AudiobookRocket that you left a review.
5. Request and enjoy additional audiobooks from other publishers on the site.

https://audiobookrocket.com/audiobooks/14

IF YOU ENJOY THE FREE AUDIOBOOK,
PLEASE HELP US OUT AND **LEAVE A REVIEW**

Resources

TOURI.CO

One of the best ways to learn this material is through repetition, memorization and conversation. If you'd like to practice your newly learned vocabulary, Touri offers live fun and immersive 1-on-1 online language lessons with native instructors at nearly anytime of the day. For more information go to **Touri.co** now.

FACEBOOK GROUP
Learn Spanish - Touri Language Learning
Learn French - Touri Language Learning

YOUTUBE
Touri Language Learning Channel

ANDROID APP
Learn Spanish App for Beginners

BOOKS

GERMAN

Conversational German Dialogues: 50 German Conversations and Short Stories

German Short Stories (Volume 1): 10 Exciting Short Stories to Easily Learn German & Improve Your Vocabulary

ITALIAN

Conversational Italian Dialogues: 50 Italian Conversations and Short Stories

Italian Short Stories (Volume 1): 10 Exciting Short Stories to Easily Learn Italian & Improve Your Vocabulary

SPANISH

Conversational Spanish Dialogues: 50 Spanish Conversations and Short Stories

Spanish Short Stories (Volume 1): 10 Exciting Short Stories to Easily Learn Spanish & Improve Your Vocabulary

Spanish Short Stories (Volume 2): 10 Exciting Short Stories to Easily Learn Spanish & Improve Your Vocabulary

Spanish Short Stories (Volume 3): 20 Exciting Short Stories to Easily Learn Spanish & Improve Your Vocabulary

Intermediate Spanish Short Stories (Volume 1): 10 Amazing Short Tales to Learn Spanish & Quickly Grow Your Vocabulary the Fun Way!

Intermediate Spanish Short Stories (Volume 2): 10 Amazing Short Tales to Learn Spanish & Quickly Grow Your Vocabulary the Fun Way!

100 Days of Real World Spanish: Useful Words & Phrases for All Levels to Help You Become Fluent Faster

100 Day Medical Spanish Challenge: Daily List of Relevant Medical Spanish Words & Phrases to Help You Become Fluent

FRENCH

Conversational French Dialogues: 50 French Conversations and Short Stories

French Short Stories for Beginners (Volume 1): 10 Exciting Short Stories to Easily Learn French & Improve Your Vocabulary

French Short Stories for Beginners (Volume 2): 10 Exciting Short Stories to Easily Learn French & Improve Your Vocabulary

Intermediate French Short Stories (Volume 1): 10 Amazing Short Tales to Learn French & Quickly Grow Your Vocabulary the Fun Way!

Intermediate French Short Stories (Volume 2): 10 Amazing Short Tales to Learn French & Quickly Grow Your Vocabulary the Fun Way!

PORTUGUESE

Conversational Portuguese Dialogues: 50 Portuguese Conversations and Short Stories

ARABIC

Conversational Arabic Dialogues: 50 Arabic Conversations and Short Stories

RUSSIAN

Conversational Russian Dialogues: 50 Russian Conversations and Short Stories

CHINESE

Conversational Chinese Dialogues: 50 Chinese Conversations and Short Stories

Why We Wrote This Book

We realize how difficult it can be to learn a language. Most often learners do not know where to start and can easily feel overwhelmed at tackling a new language.

At Touri, we have identified a gap in the market for engaging, helpful and easy to read Spanish stories for all levels. We believe it is much easier to understand words in context in story form as opposed to studying verb conjugations or learning the rules of the language. Don't get us wrong, understanding the construction of the language is important, but the more practical approach is to learn a subset of words that you as a learner can practice with today.

Our goal is to provide learning material that is engaging to make learning Spanish fun. We want you to feel confident when speaking with native speakers, even if it's just a few words. The key is to focus on building a foundation of commonly used words and you'll be setting yourself up for long-term success.

How To Read This Book

Intermediate Spanish Short Stories is filled with engaging stories, basic vocabulary and memorable characters that make learning Spanish a breeze!

Each story has been written in with you the reader in mind. The best way to read this book is to:

a.) Read the story without worrying about completely understanding the story but making note of the vocabulary you do not understand.

b.) Using the two summaries, Spanish and English provided after each story take the time to make sure that you got a full grasp of what happened. Doing this will help you with your comprehension skills.

c.) Go back through the story and read it again after having a better grasp of what happened. You may take a more concentrated approach to trying to understand everything, but it's not necessary.

d.) Sprinkled throughout each story you will also find vocabulary words in bold, with a translation of each of these words found at the end of the stories. This is also another great way for you to expand your vocabulary and start using them in sentences.

e.) We want you to get the most out of this book and learn as much as possible, which is why we have also included a list of multiple choice questions that will test your understanding and memory of the tale. The answers can be found on the following page.

f.) Most importantly, have fun while you're exploring a whole new world and learning Spanish! We are so excited for the journey you're about to embark on!

Free Spanish Video Course

200+ words and phrases in audio
you can start using today!
Get it while it's available

https://touri.co/freespanishvideocourse-spanish-iss-vol1/

Chapter 1. El rey ingrato

Ezermount era una ciudad donde la gente hacía lo mejor de lo que tenía. Todos contaban sus **bendiciones** y, aparte de la queja ocasional **susurrada** sobre su rey **tirano**, no causaban muchos problemas, principalmente porque el rey en cuestión, tenía sus soldados **esparcidos** por todas partes de la ciudad. Cualquiera que pronunciara palabras para **desacreditarlo** sería llevado al **castillo** y luego **encarcelado** en las **mazmorras**.

El rey Dorian miraba con orgullo desde el gran balcón de su habitación. Le encantaba recordar todo lo que poseía mientras admiraba la vista del reino al pie de su castillo.

Desde su nacimiento, todo fue literalmente **entregado** a él en bandeja de plata. Él era el único **heredero** del rey anterior y cada **capricho** suyo fue respondido. El joven Dorian, nunca tuvo que hacer nada por sí mismo. Él siempre tenía **sirvientes** que le hacían la vida más fácil, los políticos estaban **atentos** a lo que sucedía en los reinos y los generales vecinos entrenaban a su ejército y mantenían a los **intrusos** fuera de las fronteras de su reino.

Se halagó diciéndose a sí mismo que gobernaba el mejor reino del mundo e imaginaba que sus **súbditos** estaban muy agradecidos de tener un rey así.

Sin embargo, un par de años después de su **coronación**, Dorian comenzó a sentirse aburrido. Perdió el interés en todo lo que tenía y comenzó a **hacer berrinches** como un niño **arrogante**, siempre pidiendo que le trajeran más **tesoros** y los pusiera a sus pies, siempre expresando su **disgusto** por todo lo que tenía, ya fuera ropa, joyas o comida. Nada lo satisfizo.

Un día, se despertó con el sonido de pasos enojados marchando a su habitación. Se frotó **perezosamente** los ojos y comenzó a **abandonar** su cama cuando la gran puerta doble de madera de su habitación se abrió de par en par.

—"¿Cuál es el significado de esto?" Gritó, mirando al grupo de soldados y su general.

—"Estás siendo derrocado por el ejército. Por favor, **evacúe** el castillo antes del mediodía o será **expulsado**. No puede llevar ningún objeto de valor con usted, ya que se consideran propiedad de la corona", dijo el general Pierce en voz alta y **monótona**.

—"¿**Derrocado**?" Dorian soltó una **carcajada**. "¡No puedes derrocarme! ¡Yo soy el rey, el último **monarca**!"

Luego dirigió su mirada a los guardias que estaban detrás de Pierce y les ordenó que **se apoderaran** de él.

—"No harán tal cosa. No tienen **lealtad** por ti, ya que no has hecho nada por ellos. Lo mismo puede decirse de la gente del reino". Dijo el general.

Dorian estaba sentado allí, con la boca abierta y los ojos muy abiertos. Se dio cuenta de que Pierce tenía razón. No tenía ni idea de cómo gobernar un reino y no había hecho nada para ganarse el respeto de sus súbditos.

Él no tenía **escapatoria**.

Y así, cuando el reloj dio las doce, Dorian se quedó fuera del castillo bajo el sol **abrasador**, con nada más que **la vestimenta** de un sirviente.

Su primer instinto fue ir a la ciudad y pedir comida y **refugio** hasta que lograra **elaborar** un plan, pero eso no resultó demasiado bien. Nadie creyó al hombre que afirma ser el rey, ya que vestía tales **prendas**.

Luego decidió buscar trabajo, pero luego **se dio cuenta** de que, como nunca se había tomado la molestia de aprender, no sabía cómo hacer nada.

Sin opciones, Dorian se sentó al borde de la calle, pensando en qué otra cosa podía hacer.

Un anciano que empujaba un carrito lleno de flores, **se apiadó de él** y le ofreció comida y refugio a cambio de ayudarlo a quitar **las espinas de los tallos** de las flores. Al no tener muchas opciones, Dorian estuvo de acuerdo.

El anciano le mostró cómo llevar a cabo su tarea designada y los dos caminaron por la ciudad, haciendo paradas de vez en cuando para vender **un ramo** o una rosa a **un transeúnte**.

Cuando el anciano consideró que habían terminado su día, se dirigieron hacia su casa. Dorian notó que apenas podía llamarse así porque era pequeña y **mugrienta**, con solo una vela para iluminar el lugar y sin madera en la chimenea.

El anciano sacó **una rebanada de queso** y **una hogaza de pan rancio**, las dividió por igual y empujó una porción hacia Dorian. Luego buscó una jarra de agua y la puso sobre la mesa entre ellos.

Dorian no hizo ningún comentario y agradeció aceptar los bocados de comida, ya fuera por lástima de las desafortunadas circunstancias del anciano o porque no tenía otra alternativa que él supiera.

Mientras **reposaba** sobre el frío suelo, curvándose sobre sí mismo, Dorian deseó haber hecho más por las personas como su **anfitrión** cuando había sido rey.

Unas horas más tarde, un brillante rayo de sol lo despertó. Él gimió, todavía sintiéndose privado de sueño y se volvió de lado en un intento de bloquear el sol de su rostro. Sin embargo, sus esfuerzos fueron **infructuosos** cuando oyó que alguien tiraba de **las cortinas** para permitir que más luz invadiera la habitación.

Dorian se quedó quieto por un momento. No había cortinas en la casa del anciano, estaba seguro.

Como no deseaba **hacer estallar sus esperanzas** o tal vez destrozarse, se negó a abrir los ojos y optó por pasar la mano sobre **la superficie** en la que había estado durmiendo para asegurarse. Cuando se encontró con **la textura sedosa** de sus sábanas en lugar del frío y **polvoriento** piso de madera en el que había dormido la noche anterior, Dorian supo que había vuelto a su castillo.

Él saltó **bruscamente** de su cama, sorprendiendo a la criada que había estado limpiando y le suplicó que llamara al general Pierce.

Cuando el general entró en su habitación, Dorian no perdió tiempo para preguntarle si la decisión de derrocarlo había sido revocada.

—"¿Derrocamiento? ¿Derrocando a quién, su majestad?" En palabras de Pierce, el rey Dorian sabía que los acontecimientos del día anterior no eran más que un sueño.

Sin embargo, las lecciones aprendidas de dicho sueño, se forjaron en su mente.

—"Deseo comenzar a aprender más sobre cómo manejar este Reino, Pierce. Dime, ¿cómo puedo ayudar a mis súbditos?" Dijo Dorian con una mirada determinada.

En ese día, el rey renació.

Vocabulary

Bendiciones: *Blessings*

Susurrada: *Muttered*

Tirano: *Tyrant*

Esparcidos: *Spread out*

Desacreditarlo: *Discredit him*

Castillo: *Castle*

Encarcelado: *Incarcerated*

Mazmorras: *Dungeon*

Entregado: *Delivered, Handed out*

Heredero: *Heir*

Capricho: *Whim*

Sirvientes: *Servants*

Atentos: *Attentive*

Intrusos: *Intruders*

Se halagó: *He flattered himself*

Súbditos: *Subjects*

Coronación: *Coronation*

Hacer berrinches: *To have temper tantrums*

Arrogante: *Arrogant*

Tesoros: *Treasures*

Disgusto: *Dislike*

Perezosamente: *Lazily*

Abandonar: *To abandon*

Evacúe: *Evacuate*

Expulsado: *Expelled*

Monótona: *Monotone*

Derrocado: *Overthrown*

Carcajada: *Chuckle*

Monarca: *Monarch*

Se apoderaran: *They seized*

Lealtad: *Loyalty*

Escapatoria: *Way out, Escape*

Abrasador: *Blazing*

La vestimenta: *The outfit*

Refugio: *Refuge*

Elaborar: *To prepare*

Prendas: *Garment*

Se dio cuenta: *He realized*

Se apiadó de él: *He took pity on him*

Las Espinas De Los Tallos: *The thorns of the stems*

Un Ramo: *A bouquet*

Un Transeúnte: *A passer-by*

Mugrienta: *Filthy*

El Anciano: *The old man*

Una Rebanada De Queso: *A slice of cheese*

Una Hogaza De Pan Rancio: *A loaf of stale bread*

Reposaba: *He was resting*

Anfitrión: *Host*

Infructuosos: *Unsuccessful*

Las Cortinas: *The curtains*

Hacer Estallar Sus Esperanzas: *Get his hopes up*

La Superficie: *The surface*

La Textura Sedosa: *The silky texture*

Polvoriento: *Dusty*

Bruscamente: *Abruptly*

Resumen de la historia

Dorian dirigía el reino de Ezermount y creía que era el rey más grande de todos. Desde que nació siempre le dieron todo. Desafortunadamente, nunca supo cómo era vivir una vida de gente común. De hecho, cuando se convirtió en rey hace un par de años, dio por sentado su estatus. Un día, la gente de Ezermount decidió derrocar a Dorian debido a su ingratitud y falta de servicio a su pueblo. Dorian fue arrojado rápidamente a la calle con nada más que un atuendo de sirviente. Indefenso, sin habilidades, no sabía qué hacer. Afortunadamente, un anciano que cuidaba un carrito de flores expresó amabilidad, le dio comida y refugio a Dorian. A partir de esta experiencia, Dorian aprendió la importancia de la gratitud.

Summary of the Story

Dorian ran the kingdom of Ezermount and believed he was the greatest king of all. Ever since he was born he had always been given everything. Unfortunately, he never knew what it was like to live a life of common folk. In fact, when he became king a couple years ago he took his status for granted. One day the people of Ezermount decided to overthrow Dorian due to his ungratefulness and lack of serving his people. Dorian was quickly thrown to the street with nothing but servant attire. Helpless, with no skills he didn't know what to do. Thankfully an old man tending a flower cart expressed kindness and gave Dorian food and shelter. From this experience Dorian learned the importance of gratitude.

QUESTIONS ABOUT THE STORY

1. Después de que Dorian se convirtiera en rey, ¿cuánto tiempo le llevó aburrirse?

   A. 5 meses
   B. Un par de años
   C. 1 semana
   D. 11 meses

2. ¿Cuál es el nombre del Reino?

   A. Ezermount
   B. Dorian
   C. Osmis
   D. Ocrauway

3. Cuando Dorian fue derrocado, ¿qué posesiones tenía él?

   A. Una bolsa de dinero
   B. Un cepillo de dientes y jabón
   C. Su tocadiscos favorito
   D. Solo un atuendo de sirvientes

4. ¿El viejo le dio comida y refugio a Dorian a cambio de qué?

   A. $ 20
   B. Dorian tuvo que lavar el auto del anciano
   C. Retirar las espinas de las flores
   D. Ordeñar las vacas del viejo

5. ¿Qué tipo de comida compartió el anciano con Dorian?

　　A.　Pan duro
　　B.　Una cuña de queso
　　C.　Empanadas
　　D.　Ambos, A y B

Answers

1. B
2. B
3. D
4. C
5. A

Chapter 2. The pirate, princess & aliens

La Sra. Abner metió a Alex y a Connor en sus camas antes de tomar asiento en la silla **colocada** contra la pared frente a sus camas. Cogió el libro de **cuentos de hadas** que estaba en la cama de Connor y procedió a contarles una historia antes de acostarse.

—"Había una vez una bella princesa en una torre. La princesa estaba atrapada dentro porque un gran dragón aterrador estaba protegiendo la **torre**, impidiéndole ir a cualquier lado y otros no podían entrar".

Ella sonrió a sus dos hijos antes de continuar:

—"Un día, un **valiente** príncipe vino a rescatarla."

—"¡Pero, en cambio, él era el malo!", exclamó Alex con entusiasmo.

—"Bien, entonces." La Sra. Abner asintió. "El **malvado** príncipe llegó al castillo para **secuestrarla** y cuando..."

—"¡No no! ¡Él no estaba allí para secuestrarla! ¡Él fue a robar los secretos de la torre!", interrumpió Connor.

—"¡Sí, para dominar el mundo!" interrumpió Alex.

—"¿Oh? ¿Cómo es eso?", preguntó la Sra. Abner, cerrando el libro de cuentos de hadas, sabiendo que sus hijos se habían encargado de ser creativos con la historia de esta noche.

—"¡La princesa es una **agente especial** que guarda los secretos de la **humanidad** que estaban escondidos en la torre!", explicó Alex.

—"¡Y la historia del dragón que estaba allí para evitar que se fuera era su **tapadera**!", añadió su hermano.

—"Sí", asintió Alex. "De hecho, el dragón también es un agente. Él es su compañero."

La señora Abner resistió el impulso de reírse de la narración entusiasta y poco **ortodoxa** de sus hijos. Ella aclaró su garganta y les sonrió a ambos:

—"Sigan."

Animó a los gemelos a que siguieran contándole sobre la princesa agente y el príncipe malvado.

—"¡El príncipe trabaja con una organización que quiere **apoderarse del mundo** y hacer de todos los humanos sus sirvientes!", dijo Alex, agitando enérgicamente las manos mientras se sentaba en su cama.

La Sra. Abner suspiró mientras veía a Connor hacer lo mismo. Parece que estos dos no irán a dormir pronto.

—"¡La organización quiere quitar los **videojuegos** a los niños!", dijo Connor, mirando a su gemelo con los ojos muy abiertos. "Porque los videojuegos les enseñan a pelear y no quieren eso."

Alex asintió con la cabeza, satisfecho con la contribución de su hermano.

—"Y chocolate para que sus dientes de leche nunca se caigan y de esa manera **el hada de los dientes** nunca vendrá a la tierra para **salvarlos**."

La señora Abner miraba de un chico a otro, confundida por la dirección que estaba tomando la historia.

—"De todos modos, el príncipe fue a la torre para obtener los secretos de la humanidad." **Frunció el ceño**, concentrado, mientras pensaba en la siguiente línea en la historia **improvisada**. "Y se enfrentó al dragón. ¡El agente dragón escupe fuego al malvado príncipe, pero se las arregló para **esquivarlo** antes de sacar **un sable de luz**!

—"¡Oh querido! ¡Eso no puede ser bueno! ", dijo su madre, fingiendo una mirada de preocupación. "¿Qué pasó entonces?", preguntó, mirando a los dos chicos.

—"¡Entonces, el príncipe saltó de un árbol al otro y cortó el ojo del Agente Dragón!", dijo Connor.

—"Y luego, **aprovechando** la distracción del Agente Dragón, el malvado príncipe sacó una cuerda y la usó para **atar** las **mandíbulas** del dragón. ¡De esta forma, el Agente dragón no podría volver a **escupir fuego**! " dijo el otro chico.

—"¡Uhuh, y luego golpeó al Agente Dragón en su cabeza con la **empuñadura** de su sable de luz, dejándolo inconsciente!" Connor le dijo.

—"Oh ¡Pobre Agente Dragón! ¡Espero que él esté bien!". Dijo la madre. "¿Y entonces qué?"

—"El malvado príncipe entró a la torre, subió corriendo las escaleras hasta que llegó a la habitación donde estaba la Agente Princesa y el secreto de la humanidad", dijo Connor, bajando la voz para dar un tono de suspenso. —"¡El malvado príncipe abrió la puerta de **una patada** y la princesa tomó **una posición de lucha**! ¡Ella fue **entrenada** en **artes marciales** y tenía un sable oscuro **mandaloriano**, así que no le tenía miedo!"; dijo Alex, adoptando el mismo tono de voz grave. "El malvado príncipe y la Agente Princesa tuvieron una pelea increíble. ¡Patearon y golpearon y chocaron sus **espadas**, pero al final de su batalla, la Agente Princesa ganó cuando **ella hizo tropezar** al malvado príncipe y lo sometió apuntando su espada contra su cuello! ". Dijo, imitando el gesto apuntando con su puño al suelo.

—"¡Pero el malvado príncipe tenía **un último truco bajo la manga**!", dijo Connor.

—"¿Tenía?" Alex frunció el ceño y ante el **sutil** asentimiento de su hermano **se aclaró la garganta** y dijo. "Bien... ¡Él tenía!"

—"¿Y qué fue este truco?", les preguntó su madre con una sonrisa, divertida por su complicidad.

—"¡Tenía un localizador que él usaba para pedir **refuerzos** a la organización! La radio dijo a la Agente Princesa que cientos de aviones se dirigían a atacar la torre y que sus aliados fueron convocados para ayudar a protegerlo ", dijo Connor.

—"¡Sí! Y la mejor parte es ", agregó Alex. "¡Sus aliados fueron los alienígenas!"

—"¿Los **extraterrestres**?", exclamó la Sra. Abner. "¿Quieren apoderarse de la tierra?"

—"¡No, mamá, concéntrate!" dijo Connor, medio **lloriqueando**, medio **regañando** a su madre por su falta de atención. "¡Los alienígenas están ahí para ayudar a proteger la tierra! ¡Por eso son sus **aliados**! "

—"Oh lo siento. Continúa", le pidió.

—"Los extraterrestres llegaron en su nave espacial justo a tiempo para enfrentarse con los malvados soldados de la organización. ¡Pew Pew Pew! Dispararon los unos a los otros, pero los alienígenas ganaron gracias a su avanzada tecnología."

—"¡Oh, gracias a Dios! ¿Qué pasó con el malvado príncipe y el Agente Dragón?

—"El Agente Dragón fue llevado al hospital, su ojo fue tratado y comenzó a usar **un parche en el ojo**. ¡Su **nombre en clave** fue < El Pirata > a partir de ese momento!" Alex le dijo. "¡El príncipe y los otros soldados malvados fueron llevados a una prisión subterránea altamente segura y no causaron más problemas!"

Connor luego dijo:

—"Y el secreto y la Agente Princesa fueron **reubicados** en otra torre para su custodia." Luego rápidamente agregó "¡Oh! ¡Y a ella y al Agente Dragón, también conocido como < El Pirata > se les dieron **medallas** por su valentía! "Luego se volvió hacia su hermano con una mirada inquisitiva. "¿El fin?"

—"¡Sí, el final!", dijo Alex, asintiendo con la cabeza. "¿Qué te pareció tu historia antes de dormir, mami?". Le preguntó a la Sra. Abner.

—"¡Fue increíble! ¡Muy **entretenido** de hecho!". Dijo ella. "¡Ahora, creo que todos estamos listos para la cama!"

Bostezó y les dio un beso de buenas noches antes de salir de su habitación. Cuando apagó la luz y cerró la puerta, se maravilló de lo infinita que puede ser la imaginación de un niño.

Vocabulary

Colocada - *Placed*

Cuentos de hadas - *Fairy tale*

Torre - *Tower*

Valiente - *Brave*

Malvado - *Evil*

Secuestrarla - *To kidnap her*

Agente especial - *Special agent*

Humanidad - *Humanity*

Tapadera - *Lid*

Ortodoxa - *Orthodox*

Apoderarse del mundo - *Take over the world*

Videojuegos - *Videogames*

El hada de los dientes - *The tooth fairy*

Salvarlos - *To save them*

Frunció el ceño - *He frowned*

Improvisada - *Improvised*

Esquivarlo - *To dodge it*

Un sable de luz - *Lightsaber*

Aprovechando - *Taking advantage*

Atar - *To tie*

Mandíbulas - *Jaws*

Escupir fuego - *To spit fire*

Empuñadura - *Handle*

Una patada - *A kick*

Una posición de lucha - *A fighting position*

Entrenada - *Trained*

Artes marciales - *Martial arts*

Mandaloriano - *Mandalorian*

Espadas - *Swords*

Ella hizo tropezar - *She made him trip*

Un último truco bajo la manga - *A last trick up his sleeve*

Sutil - *Subtle*

Se aclaró la garganta - *He cleared his throat*

Refuerzos - *Reinforcements*

Extraterrestres - *Aliens*

Lloriqueando - *Complaining*

Regañando - *Scolding*

Aliados - *Allies*

Un parche en el ojo - *An eye patch*

Nombre en clave - *Code name*

Reubicados - *Relocated*

Medallas - *Medals*

Entretenido - *Entertaining*

Resumen de la historia

Era de noche y tanto Connor como Alex estaban metidos y listos para ir a la cama. Como su madre siempre hace antes de irse a dormir, la Sra. Abner comenzó a leer el libro de cuentos favorito de los niños. La historia comenzó con una princesa que estaba atrapada adentro porque un dragón grande y aterrador estaba protegiendo la torre, impidiéndole ir a ninguna parte y que nadie más entrara. Rápidamente, los chicos intervinieron y crearon su propia historia llena de un príncipe malvado, extraterrestres, agentes secretos, dragones y soldados malvados. La señora Abner solo podía sorprenderse de lo imaginativos que eran sus dos hijos gemelos.

SUMMARY OF THE STORY

It was night time and both Connor and Alex were all tucked in and ready for bed. As their mother always does before they go to sleep, Mrs. Abner began to read from their favorite storybook. The story began with a princess who was stuck inside because a large scary dragon was guarding the tower, keeping her from going anywhere and anyone else from entering. Quickly the boys interjected and crafted their own story filled with an evil prince, aliens, secret agent dragons and evil soldiers. Mrs. Abner could only be amazed at how imaginative her two twin sons were.

QUESTIONS ABOUT THE STORY

1. ¿Qué personaje no estaba en la historia?

    A. Un dragón
    B. Un príncipe malvado
    C. Un gorila que habla
    D. < El Pirata >

2. ¿Qué protegía la princesa en la torre?

    A. Un tesoro sagrado
    B. Una poción mágica
    C. El rollo del destino
    D. Los secretos de la humanidad

3. ¿Cómo los alienígenas derrotaron a los soldados malvados?

    A. Con control mental
    B. Con su tecnología avanzada
    C. Hicieron reír a los malvados soldados con tanta fuerza que lloraron
    D. Utilizaron una trampa gigante para ratones

4. ¿Qué comenzó a ponerse el dragón después de visitar el hospital?

    A. Un parche en el ojo
    B. Un elenco
    C. Una camiseta que decía "Me encanta Touri"
    D. Gafas graduadas

5. ¿Qué le dieron a la princesa y el pirata por su valentía?

   A. Dos entradas para un concierto de Bon Jovi
   B. Una medalla
   C. Un viaje al El Caribe
   D. Un tarro de mantequilla de maní

Answers

1. C
2. D
3. B
4. A
5. B

Chapter 3. Broken frame & lies

Dylan miró con **consternación** los fragmentos del objeto destrozado que estaban **esparcidos** a sus pies. **El retrato** de su abuelo le sonrió desde detrás de los pedazos del **marco roto**.

Él había estado jugando fútbol en los pasillos y, por **un desafortunado giro del destino**, su pelota golpeó la imagen enmarcada que colgaba en la pared.

Le entró pánico mientras pensaba en una forma de ocultar la evidencia de su crimen y **cubrir sus huellas**. Si su madre lo descubriera, ¡lo recibirían por regañar! Ella le había dicho una y otra vez que no jugara con la pelota adentro, pero la ignoró e hizo exactamente lo que ella le había prohibido.

Después de una mirada superficial, su mirada se posó en el armario. Mientras lo miraba **pensativamente**, decidió ocultar la evidencia de su **desobediencia**. Rápidamente juntó los fragmentos de vidrio, dejando escapar un "Ouch" bajo mientras uno cortaba su dedo y los ponía en una caja de zapatos antes de meterla dentro del armario.

Más tarde ese día, su madre llamó a su puerta. Dylan había estado acostado en su cama después de permanecer en su habitación y jugar en la computadora desde su pequeña

travesura, tratando de mantenerse fuera de la vista y evitar llamar la atención de su madre, pero sabía que eventualmente ella lo buscaría.

—"Hola, Dylan", dijo su madre, sonriéndole suavemente.

—"Hola, mamá." Él respondió; su voz sonó pequeña y él no la miró a los ojos.

"Noté que la foto de tu abuelo había desaparecido de la pared en el pasillo. Ya sabes, ¿en la que está usando su **camisa de franela**? Ante su asentimiento ella reanudó. "¿**Por casualidad** sabes dónde está?"

—"No, mami. Estuve en mi habitación todo el día." Luego agregó. "Pregunta a Celia, tal vez ella lo sepa."

—"Hmm, no, ya se lo pregunté a ella y a tu papá."

Dylan solo se encogió de hombros en respuesta, todavía negándose a mirar a su madre a los ojos.

—"¿Sabes qué es gracioso? Vi una marca de balón de fútbol en la pared cerca de donde colgaba el marco. ¿Por casualidad sabes algo de eso?

—"No, mami." Negó con la cabeza en negación.

—"¿De verdad? Porque también encontré algunos vidrios rotos en el pasillo."

Ella entrecerró los ojos hacia él.

—"Creo que alguien estaba jugando dentro de la casa y lo golpeó, entonces decidió esconderlo para evitar ser regañado."

—"Tal vez fue Agatha. ¡Sí, debe ser ella!" Dijo Dylan, fijándose en su hermana.

—"Cariño, Agatha tiene siete meses. Ella **ni siquiera** puede caminar", dijo su madre, su voz suave pero **reprimida**.

—"Entonces, no sé, tal vez fue el monstruo debajo de la cama de Celia", dijo Dylan después de tomarse un momento para pensar en otro posible culpable.

—"¿Oh? Pensé que ese monstruo solo sale por la noche y ¿por qué querría jugar con tu balón de fútbol?"

—"Yo... Porque... ¡Oh, **no seas tonta** mamá! ¡No hay monstruos!" Exclamó Dylan, su voz se irritó mientras se quedaba sin mentiras para contar.

—"Entonces, ¿quién tomó el marco?", le preguntó su madre otra vez.

—"¡¿Cómo podría saberlo?!"

—"**Cariño**, ¿recuerdas lo que dijimos sobre decir la verdad?", Preguntó mientras caminaba hacia su cama y se sentó a su lado.

—"Sí, mamá." Él asintió, mirando sus manos.

—"¿Y recuerdas cómo dijimos que una pequeña mentira blanca puede conducir a una mentira más grande que es aún más difícil de explicar y que no debes mentir porque está mal?"

—"Sí."

—"¿Por qué no me dices **lo que realmente sucede**?" Ella lo convenció.

Dylan suspiró **miserablemente**, **renuente** a confesar su **fechoría** y cerró los ojos antes de levantar la vista para mirar a su madre.

—"Fui yo. Estaba jugando con el balón de fútbol y cuando lo pateé, accidentalmente rebotó en la imagen del abuelo. El marco cayó al suelo y el cristal se rompió. No quería que me regañaran, así que recogí las piezas y las puse en una de tus cajas de zapatos antes de esconderlas en el armario."

—"Hmm, ya veo."

Su madre se detuvo por un momento antes de hablar de nuevo:

—"Dylan, ¿sabes por qué te regaño cuando haces algo **a pesar de que** te dije que no lo hicieras?"

—"¿Porque es malo?" Adivinó.

—"Sí, porque es malo y también para que no lo vuelvas a hacer." Ella movió su cabeza en gesto de negación. "Esta vez tuviste suficiente suerte y solo te cortaste el dedo, pero podrías haber quedado muy **malherido**. Además, eres demasiado joven para limpiar la mancha en la pared que dejó tu pelota, así que tengo que ser yo quien lo haga aunque tenga otras cosas que hacer. Cuando te pedí que solo jugaras afuera, es porque sé que las cosas se pueden romper o **ensuciar** en la casa y no queremos eso, ¿verdad?

Dylan negó con la cabeza.

—"Ahora, ¿por qué no me enseñas dónde escondiste la caja de zapatos?"

Dylan **escoltó** a su madre hasta el armario que estaba al final del pasillo y rebuscó en él antes de sacarla y entregársela a su madre. Ella recuperó la foto de su abuelo y botó el marco y los pedazos de vidrio en el cubo de basura antes de ponerla en un nuevo marco.

—"No lo coloquemos porque todavía tengo que limpiar la pared", le había dicho. "¿Tienes algo que decir?"

—"Lo siento, no te escuché y mentí." De ahora en adelante, solo jugaré afuera."

Cuando **alzó la vista** para ver a su madre **alzándole una ceja**, incitándolo a seguir, dijo:

—"Y siempre voy a decir la verdad."

—"Muy bien. Estoy orgulloso de ti cariño."

La mamá de Dylan lo besó en la frente antes de ofrecerle algunas galletas que ella había traído de su viaje al supermercado y con eso, ambos fueron a la cocina para unirse al resto de la familia.

VOCABULARY

Consternación - *Dismay*

Esparcidos - *Spread out*

El retrato - *The portrait*

El marco roto - *The broken frame*

Un desafortunado giro del destino - *An unfortunate twist of fate*

Cubrir sus huellas - *Cover his tracks*

Pensativamente - *Thoughtfully*

Desobediencia - *Disobedience*

Travesura - *Mischief*

Camisa de franela - *Flannel shirt*

Por casualidad - *By chance*

Ella entrecerró los ojos - *She squinted*

Ni siquiera - *Not even*

Reprimida - *Repressed*

No seas tonta - *Don't be silly*

Cariño - *Honey, Dear*

Lo que realmente sucede - *What really happens*

Miserablemente - *Miserably*

Renuente - *Reluctant*

Fechoría - *Misdeed*

A pesar de que - *Although*

Malherido - *Badly wounded*

Ensuciar - *To dirty*

Escoltó - *He escorted*

Alzó la vista - *He looked up*

Alzándole una ceja - *Raising an eyebrow*

Resumen de la historia

Mientras Dylan jugaba secretamente con su pelota de fútbol en la casa, recordó cómo su madre le repetía muchas veces que no podía hacerlo. Dylan se estaba divirtiendo pateando la pelota en el pasillo y en un momento la pateó demasiado fuerte. La pelota rebotó en la pared y golpeó un retrato de su abuelo causando que se hiciera añicos una vez que cayó al suelo. Dylan reaccionó rápidamente limpiando las piezas y las escondió en una caja de zapatos con la esperanza de que su madre no notara el marco perdido. Su madre comenzó a interrogar a Dylan sobre la foto que faltaba y él aprendió una lección muy importante sobre siempre decir la verdad.

SUMMARY OF THE STORY

As Dylan was secretly playing with his soccer ball in the house he remembered how his mother told him repeatedly he was not allowed to do so. Dylan was having fun kicking the ball in the hallway and hit it a little too hard. The ball bounced off the wall and hit a portrait of his grandfather causing it to shatter once it crashed into the ground. Dylan reacted quickly by cleaning up the pieces and hid them in a shoe box hoping his mother would not notice the missing frame. His mother questions Dylan about the missing photo and he learns a very important lesson about always telling the truth.

QUESTIONS ABOUT THE STORY

1. ¿Quién estaba en la foto del marco roto?

    A. Toda la familia
    B. El abuelo
    C. La hermanita
    D. Chuck Norris

2. ¿Qué edad tiene Agatha?

    A. 12 años de edad
    B. 21 años de edad
    C. 7 meses de edad
    D. 10 meses de edad

3. ¿Cómo rompió Dylan el marco?

    A. Lo golpeó
    B. Él saltó sobre el marco
    C. Él y sus amigos tiraron la foto a la basura
    D. Lo golpeó con una pelota de fútbol

4. ¿Dónde escondió Dylan las piezas rotas?

    A. Detrás del inodoro
    B. En una caja de zapatos
    C. En un hoyo en el patio trasero
    D. En la basura

5. ¿Dónde le prometió Dylan a su madre que solo jugaría?
   A. Afuera
   B. En su habitación
   C. En el establo
   D. En el pasillo

ANSWERS

1. **B**
2. **C**
3. **D**
4. **B**
5. **A**

Chapter 4. El hombre de la grúa

Saliendo de la ciudad, a través de una calle tan estrecha la cual no dejaba espacio ni para el más pequeño automóvil, se encontraba **un hospital psiquiátrico** que, si bien es cierto que está abandonado, muchos médicos dedicados, amando su profesión, aún continúan allí haciendo su labor sin importar cuántas **gotas de sudor** puedan correr por sus frentes.

Ellos eran los responsables de que la ciudad se mantuviera en orden. Mantenían aquellos **insondables secretos** que oculta la mente humana. Gracias a ellos no habían desaparecido aquellos edificios, casas, escuelas, calles, y jardines, conservando así una imagen clara, pero la **suciedad** no estaba tan lejos. No, la suciedad seguía allí y aquellos valientes médicos eran los responsables y se encargaban de ella.

Los peores casos eran enviados allá y, la mayoría de las veces, allá quedaban olvidados, como una pintura que perdió su **frescura** y el amor del artista, como perros abandonados, como una bicicleta olvidada, oxidándose en el patio de la casa de un niño que, desafortunadamente, ya creció. Esto era aquel hospital psiquiátrico.

–Muy bien, siéntese. ¿Cómo está? –Preguntó el doctor. El doctor era alguien bajo, con ojeras muy marcadas y una mirada cansada. Una mirada que alberga resignación.

–¿Para qué me han traído? Yo no hice nada –dijo el hombre que trabajaba con **una grúa**. Si bien es cierto que el hombre era muy alto, su **espalda encorvada** hacía disminuir su estatura. El **cansancio** se podía notar en su aspecto.

–No se preocupe, yo sé que no hizo nada– dijo el doctor. La verdad es que ya no importa, pero necesito saber algunas cosas sobre lo que ocurrió, para poder seguir cuidando de un paciente, uno que me encargaron antes de que el anterior doctor se largara.

–¿Cuál paciente? –dijo el hombre de la grúa.

–**Una mujer que adora afirmar** que su carro estuvo estacionado correctamente.

–Claro… Ahora comprendo.

Sin dejar lugar para palabras, ambos abrieron rápidamente sus ojos, pues desde **las profundidades** de aquel hospital, las gruesas y oxidadas **cañerías**, y las sucias ratas ocultas, se escuchó un **espantoso** grito aterrando al doctor y al hombre de la grúa.

–Se lo haré más **sencillo**, cuénteme lo que recuerda.

El hombre de la grúa se tranquilizó, pero se podía leer en sus ojos lo aterrado que estaba al sólo recordar lo que ocurrió.

–No recuerdo todo con mucha claridad, ya que durante mucho tiempo tuve **pesadillas** y lo he **tergiversado** sin poder evitarlo. La primera vez que la vi todo parecía normal. Cuando una persona se estaciona en **el lugar equivocado**, ellos suelen ser amables, se disculpan, y su error lo reparan de inmediato, pero con ella todo fue distinto. Le dije que allí no debía estacionarse, y por eso debía **remolcar** su auto, ponerle una multa, y llevármelo. Ella comenzó a gritar. Me decía que era injusto, que no era cierto todo lo que decía, pero allí estaba, en una **zona prohibida**.

–¿Era una zona prohibida? –preguntó el doctor.

El hombre se sintió algo irritado por una pregunta tan obvia pero respondió con **serenidad**.

–Sí, lo era.

–¿Qué ocurrió después?

–La situación se repitió. Pero… Un día… Cruzó el límite, y cuando comenzó a gritar ella, **repentinamente**, había dejado de ser lo que vi en un inicio.

–¿Un humano? –preguntó el doctor.

Pero el hombre de la grúa no respondió. El doctor notó que estaba **aterrado** así que terminó la **entrevista** y continuó hablando.

–Yo sé lo que usted vio. Bueno, lo sospecho.

El hombre seguía sin hablar.

–Acá, como ya sabrá, mandan los peores casos de la ciudad. Debo decirle que lamento haberlo traído hasta **un sitio tan apartado** como este, pero fue inevitable, necesito más información.

—¿Cómo?

—Bueno, cuando ella llegó era un humano aún. Nos decía **constantemente** que no estaba loca y que no necesitaba estar aquí. También afirmó que ella nunca se estacionó en un lugar equivocado y que **la culpa** era del hombre de la grúa.

Cuando el doctor dijo esto, el hombre frente a él **se estremeció**. El doctor prosiguió.

—Traté de hablar más con ella al respecto pero seguía diciéndome lo mismo: "Estaba en el lugar correcto". Afortunadamente nos dijo en qué parte de la ciudad ocurrió todo así que envié a un enfermero para investigar el caso. Pero terminé descubriendo **un escándalo**, algo que ocurrió justo antes de que la enviasen a este hospital.

—Se refiere a...

—Sí, mientras ella gritaba, su auto salió volando. Cruzó muchas calles. El enfermero dice que, en ese instante, ella no era... Ella.

El hombre de la grúa estaba muy **pálido**.

—Cuando llegó aquí era un humano, yo la vi. Pero mientras más lo afirmaba, menos humano era. Son pequeñas **transformaciones** que ha tenido y que siguen en observación.

—¿A qué resultado llegaron?

—Ninguno... Lo trajimos aquí porque usted es la última persona que ha interactuado con ella, parece no tener familia.

Los pacientes de aquí están completamente abandonados. Y ella parece que se acostumbra a su aspecto más espantoso. Yo nunca he visto algo así. No puedo explicarme cómo logró hacer lo que hizo. Hay testimonios sobre el origen de una fuerza **sobrenatural** producto de la desesperación, como cuando una madre ve a su único hijo en peligro. Pero, esto supera todos mis límites.

El grito aterrador volvió. Cada vez que ocurría, todos en el hospital se estremecían, incluso muchos de los pacientes. El hombre frente al doctor estaba **sumamente preocupado**, aquella horrorosa melodía entró en su mente y él sabía que nunca más se iría. Reunió el coraje suficiente para preguntarle al doctor:

–¿Qué pasará con ella?

El doctor, suspirando y rindiéndose ante un misterio sin solución, dijo:

–No lo sé. Ella continuará aquí hasta que mejore.

–¿Cuánto tiempo tiene aquí? – preguntó el hombre.

–Todo el que imagina. Muchos de los **colchones** en su **celda** han sido **arañados**, ensuciados con **fluidos corporales** y rotos por ella. Detesta la lámpara que allí se encuentra. Recuerde, ella, como todos, fue abandonada y probablemente sea también olvidada.

Y el silencio se adueñó del lugar.

VOCABULARY

Un hospital psiquiátrico - *A psychiatric hospital*

Gotas de sudor - *Drops of sweat*

Insondables secretos - *Unfathomable secrets*

Suciedad - *Filthiness*

Frescura - *Freshness*

Una grúa - *A crane*

Espalda encorvada - *Hunched back*

Cansancio - *Tiredness*

Una mujer que adora afirmar - *A woman who loves to say*

Las profundidades - *The depths*

Cañerías - *Plumbing*

Espantoso - *Atrocious*

Sencillo - *Simple*

Pesadillas – *Nightmares*

Tergiversado - *Distorted*

El lugar equivocado - *The wrong place*

Remolcar - *To tow*

Zona prohibida - *Restricted area*

Serenidad - *Serenity*

Repentinamente - *Suddenly*

Aterrado - *Terrified*

Entrevista - *Interview*

Un sitio tan apartado - *A place so isolated*

Constantemente - *Constantly*

La culpa - *The fault*

Se estremeció - *He shuddered*

Un escándalo - *A scandal*

Pálido - *Pale*

Transformaciones - *Transformations*

Sobrenatural - *Supernatural*

Sumamente preocupado - *Extremely worried*

Colchones - *Mattresses*

Celda - *Cell*

Arañados - *Scratched*

Fluidos corporales - *Body fluids*

Resumen de la historia

El hombre que trabaja en la ciudad usando una grúa es llamado por un doctor. El hombre va hacia el hospital que está saliendo de la ciudad ya que debe dar información sobre una paciente que ha dejado de ser un humano. El hombre de la grúa fue el último que vio a la paciente antes de ingresar al hospital. Mientras hablan, gritos aterradores se oyen en todo el hospital, asustando a los doctores y a los pacientes. Cuando el hombre de la grúa termina de hablar, descubre una verdad atemorizante: todos los pacientes en ese hospital son olvidados.

SUMMARY OF THE STORY

A crane operator in the city receives an unexpected call by a doctor and is asked to visit a desolate and run-down hospital. One patient in particular, a woman, unexplainably has ceased to be human. The crane operator was the last person to see this woman before she was admitted to the hospital. He is asked to give information about the last time he saw her in hopes of some clues as to what happened. While they are speaking, terrifying screams are heard throughout the hospital, scaring doctors and patients. When the crane operator finishes talking, he discovers a frightening truth: all the patients in the hospital have been forgotten.

QUESTIONS ABOUT THE STORY

1. ¿Cómo era el doctor?
   A. Alto, sin ojeras, y con mucha energía
   B. Mediano, con ojeras, sin energía
   C. Enano, sin ojeras, con mucha energía
   D. Bajo , con ojeras muy marcadas y una mirada cansada

2. ¿Quiénes se estremecían cuando la mujer gritaba?
   A. Todos en el hospital
   B. Nadie en el hospital
   C. Los pájaros fuera del hospital
   D. Los niños jugando en el parque

3. ¿Con qué trabajaba el hombre que trajo el doctor?
   A. Una grúa
   B. Una bicicleta vieja
   C. Una limosina nueva
   D. Un helicóptero comprado en otro país

4. ¿En dónde queda el hospital psiquiátrico?
   A. En el centro de la ciudad
   B. Saliendo de la ciudad
   C. Detrás del centro comercial
   D. Al lado de la perfumería

5. ¿Qué ocurrió cuando la mujer gritaba?
   A. Su auto salió volando
   B. Nada
   C. Las personas se asustaron
   D. El hombre de la grúa salió corriendo

Answers

1. **D**
2. **A**
3. **A**
4. **B**
5. **C**

Chapter 5. Destino fantasma

Max creyó que el tren estaba **a punto de partir**, pero no fue así y tropezó con la **acera** que estaba frente a la estación.

-Espero no llegar tarde –dijo en voz alta sin darse cuenta. Una señora a su lado **lo miró de reojo**.

Max tenía una maleta gigante que con mucho esfuerzo podía llevar con una mano aunque el cansancio lo obligó a usar ambas. Llevaba una gorra, unos lentes de sol, y **ropa ligera** pues sabía que se cansaría mucho llevando su gran **maleta**. Afortunadamente su boleto lo tenía en el bolsillo izquierdo del pantalón.

-¡Permiso! –Decía a cada persona que tenía frente a él cuando entró en la **estación de tren**. Parece que ese día todos viajarían, absolutamente todos en la ciudad. Aún así, nadie parecía escucharlo y él se enojó muchísimo por ello.

En la parte final de la estación había una puerta en donde tendría que esperar el tren. Él ya había comprado el boleto **con antelación**, y se alegró de hacerlo porque vio **una fila** muy larga para los boletos. Cuando llegó, tuvo que esperar el tren, buscó su boleto, y lo puso encima de otros que estaban allí. En unos minutos vendría alguien a buscarlos para entregárselos al **chofer del tren**.

-Estoy muy emocionado por viajar –dijo en voz alta pero nadie lo escuchó.

Era normal. En un lugar público, quienes hablan muy fuerte, son considerados locos así que todos ignoraron a Max. Pocos minutos pasaron cuando el tren llegó. Max se emocionó, se levantó y esperó que todos subieran. Los pasajeros de ese tren eran personas mayores. Él, al parecer, era el único joven. Se sentía como un niño esperando un nuevo juguete en navidad. Y el tren, a decir verdad, era hermoso.

Cuando le tocó subir, no dejó de maravillarse con todo lo que le ofrecía, un restaurant, unos asientos muy cómodos que **provocarían** el sueño de cualquiera. Él, afortunadamente había traído varios libros. No le agradaba leer el periódico.

-Existen demasiadas noticias terribles, yo quiero perderme en mundos mejores que este –decía constantemente.

Subió y **se sintió un tanto ofendido** cuando el chofer no lo saludó, ni siquiera lo miró.

-Quizá hoy no está **de buen humor** –se dijo Max. Y continuó caminando hacia un asiento cómodo. La maleta gigante la puso en un **compartimiento** que estaba en la parte superior del tren, pero antes de eso, sacó algunos libros que había traído.

-Ahora sólo me queda un bonito, un hermoso viaje –se dijo a sí mismo antes de comenzar a leer.

Miró por la ventana y el tren comenzó su recorrido. Muchas personas fuera del tren parecía que **no se daban cuenta de nada**, eran indiferentes hacia el ruido que el motor y todo el tren producían. Como si no estuviese allí. Max no prestó atención.

Miró a los otros **tripulantes** y sintió curiosidad pues todos eran muy viejos, demasiado. Max no sabía cómo habían hecho para poder subir ellos mismos las escaleras. Pues, él tenía un abuelo que dependía de todos para hacer todo, caminar, bañarse, etc.

El escenario que se presentaba alrededor de Max era fantástico y muy extraño. Las personas indiferentes fuera del tren y **los ancianos** dentro del tren. Todo el escenario lo distraía mucho, así que cerró el libro y comenzó a caminar por todo el tren. Pasó los asientos cómodos en donde estaba y llegó a un pequeño restaurant. Algunos ancianos estaban comiendo pero él no sentía suficiente apetito como para pedir comida, así que, quiso ordenar un café. Pero le sorprendió la manera de pedir cosas en este restaura nt.

Él, en los restaurantes de la ciudad, iba hacia un **camarero** y hablaba directamente con él, pero aquí, en el tren, todo era distinto. Había instrucciones sobre lo que debía hacer y esto ciertamente desconcertó a Max.

"*Bienvenido.*

Escriba en un papel lo que desea ordenar.

Cada cinco minutos, la persona frente a usted lo recogerá y lo servirá.

Gracias por venir".

Max estaba confundido pero copió: "Un café sin azúcar". Dejó el papel en **el mostrador** y se sentó a esperar su café. Cinco minutos después volteó su cabeza y en efecto, la persona que estaba allí recogió el papel, preparó el café y lo dejó en el mostrador.

Max se levantó, fue a buscarlo y lo trajo hasta la mesa.

Un extraño **presentimiento** se introdujo en su corazón. Los ancianos allí comiendo no hablaban, comían en silencio y cuando notó esto se dio cuenta de que todo el tren estaba en silencio. Lo único que podía oír era el motor y el ruido que el **oxidado tren** hacía.

Max olvidó eso y miró el paisaje que tenía a su lado y durante un largo rato se entretuvo con las grandes montañas y **los vastos bosques**. La tierra, sin lugar a dudas, era algo impresionante y los humanos tenemos la suerte de vivir en ella.

El café no tenía azúcar pero sintió mucho sueño, demasiado sueño. Le pareció extraño porque no se durmió muy tarde la noche anterior. Se levantó, dejó en el mostrador la taza vacía y se dirigió a donde estaba sentado por primera vez. Miró a través de la ventana y todo estaba en blanco. Antes de preguntarse por qué las ventanas eran una gran pantalla blanca, el sueño lo había alcanzado y se durmió.

Cuando despertó, estaba en su cama. La alarma sonó y sabía que era tarde, tenía que viajar.

-No sé cuántas veces he soñado lo mismo… -Se dijo.

Se levantó y se fue a bañar. Buscó la maleta gigante que ya había hecho la noche anterior. Afortunadamente había dormido temprano, por eso no se sentía cansado el día de hoy. Salió de su casa con la maleta. Cuando llegó, creyó que el tren estaba por partir y tropezó con la acera frente a la estación.

En ese instante escuchó una noticia que **lo dejó paralizado**.

"¿Supiste del accidente del tren? Todos murieron, incluyendo un chico joven llamado Max".

Allí supo que su viaje **sería inútil**.

Vocabulary

A punto de partir - *About to leave*

Acera - *Sidewalk*

Lo miró de reojo - *She looked at him out of the corner of her eye*

Ropa ligera - *Light clothing*

Maleta - *Suitcase*

Estación de tren - *Train station*

Con antelación - *In advance*

Una fila - *A line*

Chofer del tren - *Train conductor*

Cuando le tocó subir - *When it was his turn to board*

Provocarían - *Would provoke / cause*

Se sintió un tanto ofendido - *He felt somewhat offended*

De buen humor - *In a good mood*

Compartimiento - *Compartment*

No se daban cuenta de nada - *They didn't notice anything*

Tripulantes - *Crew*

Los ancianos - *The elderly*

Camarero - *Waiter*

El mostrador - *The counter*

Presentimiento - *Feeling*

Oxidado tren - *Rusty train*

Los vastos bosques - *The vast forests*

Lo dejó paralizado - *Left him paralyzed*

Sería inútil - *Would be useless*

Resumen de la historia

Max es un chico que desea tomar el tren en la mañana y gracias a esto, él trata de dormir bien, despertar temprano, y así salir de casa con una maleta gigante. Muchas cosas inusuales ocurren cuando el tren llega: se da cuenta de que todos en el tren son viejos, excepto él, y además, hay un silencio inmenso en todo el tren. Para pedir algo en la cafetería, tiene que escribirlo en un papel y dejarlo en el mostrador por cinco minutos y después vendrá el mesero y lo recogerá. Después de tomar el café, Max se siente cansado y se va a dormir. Pero, despierta en su casa, en su cama, y se da cuenta de la horrible verdad.

SUMMARY OF THE STORY

Max is a young boy who is determined to catch the train in the morning. He really wants to travel so he makes sure to get some good sleep, wake up early and leave his house with his huge suitcase. When the train arrives, many unusual things begin to happen. He notices that everyone on the train is elderly except for him. No one is speaking and it is completely silent. To order anything from the train café he has to write it down on a piece of paper, leave it on the counter and wait five minutes for the waiter to come by and pick it up. After drinking his coffee Max begins to feel tired and falls asleep. Strangely he wakes up at home in his bed but becomes aware of a scary truth.

QUESTIONS ABOUT THE STORY

1. **¿De qué tamaño era la maleta de Max?**

    A. Muy pequeña
    B. Gigante
    C. Extraordinariamente grande
    D. Infinitamente pequeña

2. **¿Con qué se tropezó Max antes de entrar en la estación?**

    A. Con el juguete de un niño en la calle
    B. Con un automóvil atravesado en la ciudad
    C. Con un despertador dañado
    D. Con la acera frente a la estación de tren

3. **¿Cómo eran las personas dentro del tren?**

    A. Muy jóvenes, como Max
    B. Tenían unos 30 o 40 años cada uno
    C. Todos eran niños
    D. Todos eran ancianos

4. **¿Qué sintió Max después de beber el café?**

    A. Energía
    B. Sueño
    C. Sintió mucho miedo y no pudo dormir
    D. Demasiada adrenalina

5. ¿Qué pidió Max cuando llegó al restaurante del tren?

    A. Un emparedado con un jugo de naranja
    B. Una gaseosa muy fría y una galleta
    C. Una ensalada pequeña
    D. Un café sin azúcar

Answers

1. **B**
2. **D**
3. **D**
4. **B**
5. **D**

Chapter 6. El castigo

Huele a óxido, sudor y olvido. La silla está rota. El colchón está sucio. Y José Colmenares está sentado esperando a su compañero para saber qué será de su futuro. José está mirando al piso y no sabe qué está buscando. Está **tratando de hallar** una respuesta para todo lo que le está ocurriendo. "¿Por qué está pasando esto ahora?", se pregunta constantemente. Oye pasos, levanta su mirada, y está su amigo allí.

-¿Qué te dijeron? –Preguntó José, desesperado.

Su amigo no respondió, lo miró con lástima durante unos minutos.

-¡Dime! –Dijo José, pero esto no hizo ningún efecto en su amigo.

José se había convertido en alguien **respetable**. Tuvo una vida difícil, muy difícil, la cual lo llevó a cometer cosas ilegales para **sobrevivir**. Ya era hora de pagar todo lo que había hecho.

El amigo finalmente decidió responder:

-No serán menos de 30 años en **la cárcel** –dijo con mucha lástima.

Cuando José oyó esto, no pudo evitar bajar la cabeza una vez más, una gota bajó por sus **mejillas** y se estrelló en el piso.

-¿En serio? –Preguntó José.

Y **sin necesidad de proferir** ninguna palabra, la respuesta afirmativa de su amigo se resumió en un largo y **hondo suspiro**.

-Pero, yo no he hecho nada –dijo José-. Todo eso ocurrió hace mucho.

-Irán a buscarte a tu casa en una semana para que oigas la sentencia. Después, serás llevado a la cárcel.

En ese instante, José abrió los ojos, sorprendido. Y su amigo no lo dejó continuar.

-Y sí… José… Haz hecho mucho. No olvides aquellos hombres, **las golpizas**, las muertes, **los robos**. No lo olvides. En este país nada se olvida.

Escuchó cómo la puerta de la celda se cerró. Arrastró sus pasos fuera de **la comisaría** y durante mucho tiempo comenzó a caminar hasta llegar a su casa. No tomó un autobús, decidió caminar porque tenía mucho para pensar. Abrió la puerta de su casa y todo estaba **desordenado**.

Sí, **había cometido delitos** durante varios años de su vida. Sí, robó mucho, pero tuvo que hacerlo para poder comer. Nadie quería darle trabajo. Todo esto lo llevó a peores situaciones pues personas peligrosas lo persiguieron. Asesinó a alguien, pero fue **en defensa propia**. No era su voluntad.

José había sido un buen hombre los últimos años, pero eso no fue suficiente como para olvidar lo que cometió antes de su transformación.

-José –comenzó el juez-. Has sido sentenciado a 30 años de prisión debido a los delitos que cometiste hace cinco años.

-Pero, fue hace mucho tiempo, ¿por qué...?

Pero el juez no lo dejó continuar.

-No podrás viajar ni comenzar a trabajar en la oficina central de la NASA. Así es la ley y debe ser cumplida.

José se quedó en silencio, bajó la mirada, y más lágrimas bajaron por su mejilla.

Sentado en su celda, mientras se hacía muchas preguntas, oyó la voz de **un hombre corpulento**:

-Oye, te conozco, sé quién eres. Yo trabajo en la NASA, muchos estamos allá esperándote, yo puedo hablar con el juez **para que anulen la sentencia** pero... Hay un precio que debes pagar.

José asintió y el hombre fue inmediatamente a hablar con **el juez**.

No podía creer que se había librado tan fácil de aquella sentencia. En la acera, en la calle, el hombre corpulento lo esperaba, cuando José Colmenares estuvo frente a él, el hombre empezó:

-Te esperábamos allá debido a tu gran experiencia y habilidad. Hay una misión que muchos de nosotros no quisimos tomar. Has decidido librarte de 30 años de cárcel. Pero, debes cumplir esa misión de la que te hablo.

-**¿De qué se trata?** –dijo José, emocionado y sorprendido.

El hombre corpulento suspiró y dijo:

-Queremos empezar a explorar el planeta Marte.

-Eso suena grandioso –dijo José, pero el hombre prosiguió.

-Pero debemos enviar a una persona para que viva allá, por el resto de su vida.

-Y... -dijo José, sorprendido.

-Esa persona eres tú –dijo el hombre-. 30 años **pudriéndote en la cárcel** o toda tu vida en otro planeta. Tú decides. Tienes tres días.

Alguien está tocando la puerta. Cuando el hombre corpulento la abre, encuentra a José Colmenares frente a él.

-Acepto –dijo José.

Se acercó al centro de una sala espaciosa, en donde estaban varios hombres con un uniforme azul y una bandera en el hombro izquierdo. Las instrucciones eran simples. Era hora de comenzar a explorar aquel planeta. Para eso, necesitaban a alguien que estuviese allá, dando información sobre todo lo que viese y encontrase. José tendría todo para sobrevivir.

No pudo evitar pensar en la soledad y en **la lejanía**. Era extraño pensar en alejarse de toda la humanidad. Estar lejos de su familia y sus amigos. Estaría solo, en otro planeta, comunicándose a través de llamadas. Solo en otro planeta… **Muy difícil para asimilar**.

Entre el grupo de todos esos hombres con uniforme azul, alguien reconoció a José. Un amigo de la infancia que consideraba a José como una persona increíble que no merecía confinarse en la soledad de un planeta inexplorado.

Cuando José estaba ya en el **cohete**, muchas cosas fueron puestas allí, de esa forma él podría sobrevivir en aquel planeta. Su amigo de la infancia el cual no logró ser reconocido por José, metió allí otra cosa más, con mucho cuidado para que no fuese vista.

Mucho tiempo pasó. José no puede contarlo, hasta que llegó a aquel lugar inexplorado. La presión que sentía en su pecho era **infernal** y la soledad rápidamente lo hizo llorar. Sí, hacía algo que quería, estaba preparado para ello, pero no pensó que sería de aquella forma.

Buscando entre las cosas de **la nave**, encontró algo inusual, y cuando lo vio con claridad, se sintió un poco mejor, en el medio de aquella soledad.

Encontró un robot, de su tamaño, con la **apariencia** de una mujer muy atractiva. Encendió un pequeño botón, los ojos del robot se iluminaron y las primeras palabras que dijo fueron las siguientes: "No estás solo, ¿ok?".

Vocabulary

Tratando de hallar - *Trying to find*

Respetable - *Respectable*

Sobrevivir - *To survive*

La cárcel – *The jail*

Mejillas - *Cheeks*

Sin necesidad de proferir - *No need to utter*

Hondo suspiro - *Deep sigh*

Las golpizas - *The beatings*

Los robos - *The robberies*

La comisaría - *The police station*

Desordenado - *Messy*

Había cometido delitos - *He had committed crimes*

En defensa propia - *In self defense*

Un hombre corpulento - *A stalky man*

Para que anulen la sentencia - *To annul the sentence*

El juez - *The judge*

¿De qué se trata? - *What is it about?*

Pudriéndote en la cárcel - *Rotting in jail*

La lejanía - *The remoteness*

Muy difícil para asimilar - *Very difficult to assimilate*

Cohete - *Rocket*

Infernal - *Infernal*

La nave - *The ship*

Apariencia - *Appearance*

Resumen de la historia

José Colmenares es un hombre bueno, sentado en una celda, esperando la sentencia de un juez por los delitos que cometió hace muchos años. Lo sentencia a 30 años y él sabe que su vida está perdida pero un hombre corpulento llega para ofrecerle una alternativa, una misión: vivir en Marte. José se asusta pero tiene tres días para pensarlo, vivir en Marte o 30 años de cárcel. José al día siguiente va a la oficina central y acepta la misión. Cuando viaja al planeta, encuentra una sorpresa en la nave. Un robot mujer diciéndole que no estará solo.

SUMMARY OF THE STORY

José Colmenares is a good man who has been sentenced to jail. He awaits to hear the final decision by a judge for the crimes he committed 5 years ago. The judge sentences José to 30 years and at that moment he knows that his life would be lost but a man offers him an alternative. A mission to live on Mars. José is scared but has three days to think about it and make a decision. Either live on Mars or 30 years in jail. The next day José goes to the central office and accepts the mission. When he arrives to the planet Mars, he finds a surprise on the ship. A female robot telling him he will not be alone.

QUESTIONS ABOUT THE STORY

1. ¿Cuántos años iba a pasar José en la cárcel?

    A. 30
    B. 25
    C. 10
    D. 3

2. ¿Cuándo José llegó a su casa, cómo estaba todo?

    A. Demasiado limpio
    B. Desordenado
    C. Muy sucio
    D. Asqueroso

3. ¿Cuál era la misión que el hombre corpulento le ofreció a José?

    A. Vivir en Marte durante toda su vida
    B. Jugar videojuegos toda la noche
    C. Ir al planeta Júpiter y buscar vida inteligente
    D. Quedarse en la tierra y ser un detective

4. ¿Cuánto tiempo tuvo José para decidir entre ir a la cárcel o Marte?

    A. Dos días y tres meses
    B. Cuatro días y cinco meses
    C. Siete meses y cuatro semanas
    D. Tres días

5. ¿Qué dijo el Robot que estaba en la nave de José?

    A. No estás solo, ¿ok?
    B. No le dijo nada
    C. Estaré contigo por toda la eternidad
    D. Estarás muy solo en este planeta

Answers

1. A
2. B
3. A
4. D
5. A

Chapter 7. El secreto

La lluvia caía en toda la ciudad. Los autos eran **azotados** por las gotas de agua del cielo. La ciudad permanecía oscura, era una noche peligrosa para todos.

Antonio Hurtado continuaba **cavando** rápidamente aunque sus manos estuviesen **magulladas**. Se desesperaba mucho porque los minutos pasaban lentamente y el trabajo que realizaba parecía nunca acabar. Él sabía una cosa muy importante: que nadie podía verlo.

No, nadie podía saber que estaba cavando **un hueco inmenso** en el patio de su casa. Vio aquella gran caja negra y **fúnebre** a su lado y se estremeció. Eso era lo que costaba acabar con todos sus problemas. Pensaba en su vida entera y sólo recordaba malos momentos, pero ese día acabarían. Aquellos problemas terminarían.

Sonó la alarma en su habitación y gritó como si hubiese sido **apuñalado**.

-¿Qué hora es? –Se dijo a sí mismo. Pero nadie respondió pues él, ahora, vive solo, duerme solo, y come solo.

-Es hora de que comience a **empacar** –dijo en voz alta.

Antonio estaba preparando un viaje hacia Argentina desde Venezuela. Pero decidió evitar los aviones y los autobuses y decidió viajar con su auto tomando todas las **precauciones** posibles. No sabía si se iría sólo de visita, es decir, como turista, o si se quedaría en Argentina a vivir.

Buscó toda la ropa que necesitaría durante el viaje y durante su **estadía** en aquel país. Viajaría sólo así que los **asientos traseros** también servirían para llevar más equipaje, así como la maleta de su auto.

Bajó, tomó una larga ducha. Sus manos le dolían pero no prestó atención a eso. Salió del baño y se dirigió a su cuarto para vestirse con algo cómodo antes de tomar desayuno. El viaje sería largo así que procuró buscar ropa cómoda.

Su desayuno era ligero, no le gustaba comer mucho. Un sándwich con queso y jugo de naranja. Mientras comía miraba su gran maleta y pensaba que un gran y **exhaustivo** viaje le esperaba. Estaba sentado en su cama, comiendo, y después de observar la gran maleta, miró dos fotografías que estaban en su mesita de noche. En las fotografías aparecía él con otra persona.

-Es hora de que me vaya –dijo en voz alta **como si viviese con alguien**. Vio una pala tirada en su habitación y dijo:

-No importa... No regresaré.

Tomó la maleta y salió de la habitación. Apagó todas las luces del piso superior. Botó la basura que quedaba en la cocina. Apagó las luces de la sala y se dirigió al garaje en donde su auto estaba. Su maleta la puso en el asiento trasero pues en **el**

maletero del auto llevaba un galón de gasolina. Tenía que recorrer muchos kilómetros. Él debía tomar precauciones. Demasiadas. Quería desaparecer de esa ciudad. Antes de abrir **la puerta delantera** se dirigió hacia la calle, quería saber si había alguien despierto leyendo el periódico o tomando café.

-No hay nadie, perfecto –dijo **complacido**.

Regresó al auto y entró en él. Lo encendió y emprendió su marcha.

Al salir de la ciudad, la pesadilla que tuvo **lo acechaba constantemente**, se sentía muy real.

-Nunca había visto el cielo tan negro –dijo para sí mismo. Y continuó conduciendo.

Vio a algunas personas que lo conocían pero él trató de ocultarse, no quería hablar con nadie, sólo quería **huir** de aquel país. De repente, a su derecha y a su izquierda dejó de ver edificios. Sólo veía bosques muy grandes y a veces **terrenos desolados**.

-Esta es algo triste –dijo.

La soledad lo estaba rodeando y él lo sentía. El camino dejó de ser **sinuoso** y comenzó a **ser recto**. No tenía que mover **el volante**, sólo tenía que pisar el **acelerador**. Incluso dejó de ver carros venir, era como si él fuese la única persona en esa calle. Hasta que vio algo que lo sorprendió mucho:

-¿Qué es eso? –se preguntó.

Era una mujer a un lado de **la carretera**, con una maleta pequeña. Estaba haciéndole una señal con la mano para que se detuviera y así la ayude a llegar más rápido a su destino.

Se detuvo, y la mujer la cual parecía muy **agotada**, dijo:

-Gracias por detenerse, lo estaba esperando.

-De nada, no agradezca, ¿A dónde se dirige?

-Ahmm... -Dijo ella-. Sólo quiero ir a un pueblo muy cercano, a unos pocos kilómetros.

La respuesta **vaga** de la mujer lo sorprendió pero él continuó conduciendo y ninguno dijo nada.

-¡Aquí! -Dijo ella y se bajó rápidamente del auto. Cuando pisó el **pavimento**, miró a Antonio con una sonrisa misteriosa y **aterradora**.

Antonio dijo:

-Que le vaya bien.

Pero ella no emitió ninguna respuesta.

Antonio no pudo evitar sentirse asustado. Y por alguna razón, cuando vio **el rostro** de esa mujer, imaginó rápidamente a otra persona que él conocía muy bien. Estaba aterrado, de eso no había dudas.

-En algún lugar debía encontrar gente así, mejor la olvido y sigo mi camino.

Pero no pudo, porque unos minutos después encontró a la misma mujer.

Cuando Antonio se detuvo, la mujer dijo:

-Gracias por detenerse, lo estaba esperando.

Antonio se asustó. Pero, le preguntó:

-¿A dónde se dirige?

-Ahmm... -Dijo ella-. Sólo quiero ir a un pueblo muy cercano, a unos pocos kilómetros.

Antonio comenzó a conducir una vez más mientras pensaba que en algún lugar había visto a aquella mujer. Sus **facciones** las conocía demasiado bien. Esta vez, tampoco dijeron nada, nadie habló durante todo el camino, pero algo distinto ocurrió, esta vez ella no dijo: "Aquí" para que Antonio se detuviera.

La mujer miró a Antonio y rápidamente él supo de quién se trataba, ella saltó del auto y él miró hacia atrás. No podía creer lo que estaba mirando, pero era muy tarde porque frente a él tenía a un camión y el choque fue inevitable.

En el piso, la mujer que el día anterior enterró, la mujer que tenía en una fotografía en su mesita de noche, se levantó y se acercó a Antonio, diciéndole: *"Nunca nos vamos a separar"*.

Vocabulary

Azotados - *Battered*

Cavando - *Digging*

Magulladas - *Bruised*

Un hueco inmenso - *A huge hole*

Fúnebre - *Funeral*

Apuñalado - *Stabbed*

Empacar – *To pack*

Precauciones - *Precautions*

Estadía – *To stay*

Asientos traseros - *Rear seats*

Exhaustivo - *Exhausting*

Como si viviese con alguien - *As if he lived with someone*

El maletero – *The trunk*

La puerta delantera - *The front door*

Complacido - *Pleased*

Lo acechaba constantemente - *Lurked him constantly*

Huir - *To flee*

Terrenos desolados - *Desolate land*

Sinuoso - Winding

Ser recto - *To be straight*

El volante - *The steering wheel*

Acelerador - *Accelerator*

La carretera - *The road*

Agotada - *Exhausted*

Vaga - *Vague*

Pavimento - *Pavement*

Aterradora - *Terrifying*

El rostro - *The face*

Facciones - *Features*

Resumen de la historia

Antonio hizo algo malo la noche anterior. El creyó que era una pesadilla y se convenció de ello al día siguiente. Quería viajar a Argentina desde Venezuela y eso hizo. Quería escapar de aquella ciudad y también del secreto que estaba ocultando. Nunca había salido del país y mucho menos en automóvil. Cuando llegó a las afueras de la ciudad, se encontró a una mujer muy misteriosa la cual le pide un gran favor: que la lleve a un pueblo cercano. Antonio la deja y se vuelve a encontrar a la mujer la cual le revela una gran verdad.

SUMMARY OF THE STORY

Antonio did something bad last night. He thought it was just a nightmare and convinced himself the next day that that's all it was. He wanted to travel from Venezuela to Argentina and so he packed his things and off he went. He wanted to escape from the city and more importantly from a secret he was hiding. He had never left the country, much less by car. When he reached the outskirts of the city, he found a very mysterious woman who asks him a big favor: to take her to a nearby town. Antonio drops her off and meets the same woman again and she reveals a shocking truth to him.

QUESTIONS ABOUT THE STORY

1. ¿Qué tenía Antonio a su lado mientras cavaba?

    A. Un juguete muy antiguo lleno de tierra
    B. Una lata de cerveza vacía
    C. Las llaves de su casa
    D. Una gran caja negra y fúnebre

2. ¿Hacia dónde viajaría Antonio?

    A. Hacia Argentina
    B. Hacia Perú
    C. Hacia Ecuador
    D. Hacia Europa

3. ¿Qué vio Antonio en su habitación antes de salir de ella?

    A. Su gran y desordenada cama
    B. Una pala
    C. Un televisor inmenso
    D. Un sofá muy antiguo que le regaló su madre

4. ¿A donde quería ir la mujer que Antonio encontró en el camino?

    A. A Argentina
    B. A un bosque muy cercano
    C. A la ciudad más cercana
    D. A un pueblo muy cercano

5. **¿Qué le dijo la mujer a Antonio después de chocar?**

    A. Quiero estar siempre contigo
    B. Te quiero mucho
    C. Nunca nos vamos a separar
    D. Aléjate de este lugar maldito

ANSWERS

1. **D**
2. **A**
3. **B**
4. **D**
5. **C**

Chapter 8. Al escondite

La alarma sonó a las siete de la mañana pero el hastío la retenía en su cama. Estaba cansada de todo lo que se había cruzado en su vida: **mala suerte**. Sandra abrió los ojos y miró el techo durante un largo tiempo, reproduciendo una película en su cabeza que sólo acabaría cuando ella lo decidiera.

El sol entraba por **las rendijas** de las ventanas, llegando a **la abertura inferior** de la puerta. "Otro día **desilusionada**", decía ella. Un profundo suspiro hizo latir su corazón y subir su pecho, puso los pies en el suelo y con ellos buscó **las pantuflas**.

Se levantó y se dirigió hacia la cocina para preparar el café, lo único que la haría seguir hasta la noche. Con una taza caliente en sus manos, regresó a la habitación, encendió el computador y recibió la noticia que acabaría con su hastío de la vida:

"Usted ha sido seleccionada. Te esperamos hoy a las 10 de la mañana en nuestra oficina principal".

Sandra era una chica baja y con **sobrepeso** pero muy feliz. Eso era algo que la caracterizaba y distinguía de todos los que conocía, incluso de su familia. Nunca experimentó la tristeza o la decepción.

Ella tuvo esa suerte que todos alguna vez deseamos y evitó aquellos malos pensamientos que todos alguna vez hemos tenido. Nunca hubo rumores detrás de ellos, eran una familia respetable y esta familia sólo podía producir a una chica tan feliz y alegre como ella.

Sin embargo, esto tuvo **consecuencias catastróficas** pues si alcanzó la felicidad máxima en muchos momentos de su vida, también alcanzaría la tristeza máxima en las peores situaciones.

-¿Cómo estás? Estás muy linda hoy, ¿tendrás una cita? –le preguntó la señora Martínez, su vecina.

-Jajaja, eres muy graciosa. Voy a una **entrevista** de trabajo.

-¡Mucha suerte! –dijo la señora Martínez y continuó **regando las plantas** de su maravilloso jardín.

-Listo, la veré aquí mañana. Su **jornada laboral** comienza a las 7 de la mañana y termina a las 5 de la tarde –dijo el jefe, un hombre muy alto para su corta edad.

-¡Muchas gracias!

Ella regresó a casa muy emocionada, su día había cambiado así como su vida. Todo se arreglaría y los problemas terminarían. A la mañana siguiente despertó muy temprano, emocionada, sin sueño. Y esto sólo tenía una explicación: amaba su vida y quería empezar a trabajar.

Tomó el autobús y llegó temprano a la oficina. La oficina era bastante grande, con demasiados **cubículos** y demasiadas personas. Cuando ella llegó la emoción fue bajando gradualmente hasta casi desaparecer.

Las razones son muy variadas, pero lo más importante es que **una mezcla** de odio y **ansiedad repentina** nació en ese instante y comenzó a crecer sin parar.

Fue a su cubículo y alguien le dijo:

-¡Hola! ¿Eres nueva?

-Sí... -Respondió ella.

-Bueno, déjame informarte para que no te sorprendas. A tu derecha están esas personas molestas e irritantes que hablan durante todo el día. Los odio. A tu espalda están las mentirosas. No te dejes engañar, **ellas esparcen rumores falsos**. Y frente a ti, bueno, estoy yo. Espero que podamos ser amigas.

-Sí... Yo... Espero también eso.

La oficina en donde estaba se había convertido en un **antónimo** de todo lo que la hizo feliz en su vida. No podía creer que había llegado a ese **lugar atroz**. Detestó a sus **compañeros** de trabajo desde el primer día. Antes de presionar **una tecla** de su computador, no sabía ya si sería correcto regresar al día siguiente.

Los días pasaron y ella sufrió una transformación inmensa que cambiaría el curso de su vida y la de sus compañeros de trabajo. **Las malas costumbres**, las personas que no paraban de hablar, y los rumores sobre ella, crecían día tras día, y su lugar de trabajo se había convertido en un **infierno**.

Al inicio creyó que imaginaba cosas porque sus amigos hablaban con ella todos los días. Nunca expresó el disgusto que ella sentía, de ninguna forma. **Una pared invisible** la detenía. Pero, un día dijo algo que cambiaría **el rumbo** de su vida en ese trabajo:

-Chicos, se me acaba de ocurrir una idea. ¡**Juguemos al escondite**!

-¿En serio? ¡Nos encanta la idea! –Dijeron todos. Estaban encantados con la idea infantil.

El juego iniciaría en la noche. Uno de sus compañeros tendría la llave de **la puerta principal**, pero ella se adueñó de la llave para tener el control de todo. Llegada la noche, ella dijo que quería ser la que buscaba, cada uno tuvo 20 segundos **para esconderse** y después de contar, ella comenzó a buscarlos. Podía sentir sus movimientos.

-¡Ahí viene! –Dijo uno de ellos cuando su nueva amiga comenzó a buscarlos.

El lugar, a pesar de que no era **enorme**, era bastante útil pues todos se podían esconder con facilidad. Había pequeñas esquinas en donde alguien podría quedarse y no ser visto de ningún modo. Pero, ella, a pesar de ser nueva en esa oficina, ella conocía muy bien aquellos lugares.

-¡Te tengo! –Gritó al sorprender a uno de los compañeros que creía **estar protegido**.

Continuó caminando a través de toda la oficina y oía **murmullos**. Oyó pasos cerca de ella y no tardó en correr para atrapar a la siguiente.

-¡No te escaparás! –Dijo, tomando a este otro por el brazo.

La risa continuó durante toda la noche.

El jefe nada sabía al respecto, era un secreto que todos tenían que guardar. "¡Gracias por la noche tan divertida!", dijeron todos al irse y ella, en ese instante, borró las malas emociones que había sentido en la oficina.

Durante las próximas semanas, los rumores **se disiparon** y todos en la oficina estuvieron más contentos. La primera amiga de ella notó el cambio. Era una oficina totalmente diferente. Ella había cambiado algo desde que entró.

El jefe la llamó unas semanas después:

-Necesito hablar contigo. Serás **la empleada del mes**.

-¿Por qué… ? –Preguntó, sorprendida.

-Desde que tú entraste, todos ellos están más felices.

Y Sandra no pudo contener las lágrimas.

Vocabulary

Mala suerte - *Bad luck*

Las rendijas – *lits, cracks*

La abertura inferior - *The lower opening*

Desilusionada - *Disillusioned*

Las pantuflas - *Slippers*

Sobrepeso - *Overweight*

Consecuencias catastróficas - *Catastrophic consequences*

Entrevista - *Interview*

Regando las plantas - *Watering the plants*

Jornada laboral - *Workday*

Una mezcla - *A mix*

Cubículos - *Cubicles*

Ansiedad repentina - *Sudden anxiety*

Ellas esparcen rumores falsos - *They spread false rumors*

Antónimo - *Antonym*

Lugar atroz - *Terrible place*

Compañeros – *Associates / colleagues*

Una tecla - *A key (on a keyboard)*

Las malas costumbres - *Bad habits*

Infierno - *Hell*

Una pared invisible - *An invisible wall*

El rumbo - *The course*

Juguemos al escondite - *Let's play hide and seek*

La puerta principal - *The main door*

Para esconderse - *To hide themselves*

Enorme - *Huge*

Estar protegido - *To be protected*

Murmullos - *Whispers*

Se disiparon - *They dissipated*

La empleada del mes - *The employee of the month*

Resumen de la historia

Sandra era una mujer que no tenía trabajo y estaba cansada de la vida. Y en un día inesperado, finalmente consiguió trabajo. Al día siguiente se alistó. Su vecina le dijo que estaba muy linda. Ella fue temprano a su trabajo y se decepcionó pues todos eran mentirosos e hipócritas. Cierto sentimiento horrible tuvo ella y quiso jugar al escondite con todos. Nadie sabía lo que ocurriría, ni siquiera ella lo sabía. La pasaron muy bien, tanto así que el ambiente hostil de la oficina cambió. El jefe la hizo empleada del mes y ella no pudo evitar llorar.

Summary of the Story

Sandra was a woman with no job and in all honesty, tired of life. Just when she least expected it, she finally got a job. The following day she woke up with excitement and got ready for her first day of work. Her neighbor even said she looked pretty, which made her feel wonderful. She arrived to work early and her mood quickly changed from happiness to disappointment as she felt all of her coworkers were dishonest and too hypocritical. She suddenly had a bright idea to play a game of hide and seek to boost employee spirits. She didn't know if this would work but decided to give it a try. Everyone had such a great time that what was once a very hostile work environment became a place full of laughter and happiness. In the end, her boss made her the employee of the month and she inevitably cried.

Questions About the Story

1. ¿Qué hacía la señora Martínez cuando Sandra salió de su casa?

    A. Regando las plantas
    B. Hablando con otros vecinos
    C. Tomando café y leyendo el periódico
    D. Jugando con un gato

2. ¿Cómo era la jornada de Sandra?

    A. De diez de la mañana hasta las nueve de la noche
    B. De siete de la mañana a cinco de la tarde
    C. De cuatro de la tarde a siete de la noche
    D. Trabaja de nueve de la noche a nueve de la mañana

3. ¿Quiénes estaban a la derecha del cubículo de Sandra?

    A. Niños molestos jugando
    B. Mentirosos e hipócritas
    C. Personas molestas e irritantes
    D. Ancianos apostando

4. ¿Qué les propuso Sandra a sus amigos?

    A. Jugar al escondite
    B. Jugar videojuegos en su casa
    C. Tomar café
    D. Nada

5. ¿Qué ocurrió cuando el jefe la hizo empleada del mes?

   A. Nada
   B. Durmió
   C. Rió
   D. Lloró

Answers

1. A
2. B
3. C
4. A
5. D

Chapter 9. Somos juguetes

La noche era silenciosa como siempre. Los pájaros en sus **nidos** cuidaban de sus crías y sus comidas. **Los búhos** detenidos en las ramas de los árboles albergaban una luz insondable en sus ojos.

La tranquilidad **se había adueñado** de la calle y la diversión se había adueñado de la habitación de los chicos. Ellos eran tres. El menor tenía 7 años. El otro tenía 10. Y el más viejo tenía 13. Todas las noches cada uno tomaba un control y no paraban de jugar hasta que **el sueño venía a atraparlos**.

-¿Estás bien? –Le preguntaron al menor.

-Sí… -Respondió él, pero algo no estaba bien.

Algo le ocurría y no quería decirlo. Desde hacía unas horas tenía un presentimiento sobre algo raro que iba a ocurrir pero no lograba verlo **con claridad**. Cuando somos menores es mucho más fácil creer en todo lo que nuestra mente **dicta**.

-Vamos a apagar esto –dijo el mayor-. Ya es hora de dormir.

Sí, todos dormían, excepto el menor de los hermanos.

Y así pasó toda la noche, nunca pudo **conciliar el sueño**. Cerraba los ojos y sólo veía una pared negra y cuando la veía, sabía que más allá de esa pared estaba aún la realidad. No podía dejar el mundo real y **trasladarse** a los sueños.

En varias ocasiones abrió los ojos asustado. Creyó que estaba soñando y no fue así. Abrió los ojos y algunos cuadros que estaban en la pared comenzaron a **temblar**. Cerró los ojos y trató de dormir, pero no podía hacerlo.

Hizo un esfuerzo enorme por mantenerlos más tiempo cerrados pero aún así sentía que todo se movía. Abrió los ojos de nuevo y vio los mismos cuadros y una lámpara moverse. Creyó que estaba loco. Cerró los ojos durante varios minutos, mientras la cama y toda la casa temblaban.

Después de tantos minutos así, **no pudo soportarlo**, abrió los ojos de nuevo y encontró una sorpresa: todos lo estaban mirando. Segundos después se miraban unos a los otros, no sabían lo que estaba ocurriendo.

 Era algo impresionante y nuevo para ellos. El corazón comenzó a **latir rápidamente** a cada uno. Miraban los cuadros moverse de un lado a otro. La lámpara de la habitación comenzó a moverse, rápidamente de arriba a abajo. **Parecía que todo adquiría más** y más velocidad **a medida que** los minutos pasaban. Volvieron a mirarse unos a otros **desconcertados**.

Aunque a veces podían afirmar que **poseían cierta madurez**, en ese instante no sabían qué hacer. Nunca les ocurrió nada similar.

En ese instante miraron al menor de los hermanos, a quien tuvo un extraño presentimiento antes de ir a dormir, y al mismo tiempo todos gritaron: "¡**Terremoto**!".

El silencio que había **invadido** la noche había sido roto por los gritos de los tres niños en la habitación. Se levantaron, lanzaron sus **cobijas**. "¡¿Qué haremos?!" dijeron todos al mismo tiempo. Los cuadros de las paredes se caían y trataron de esconderlos en donde no sufrieran más. Caminar era difícil para ellos, pues el temblor los llevaba de un lado a otro, y con mucho **equilibrio** trataban de hacerlo, para apoyarse de la pared y sentirse seguros. Parecía una pesadilla, el temblor aún no acababa.

-¡Rápido! Acuesta la lámpara, antes de que se estrelle contra el piso y **el bombillo** se rompa –dijo el hermano mayor.

El menor cumplió la tarea. El resto de los cuadros terminaron de caerse y los chicos los recogieron para guardarlos, de ese modo no sufrirían más golpes.

Los tres hermanos se apoyaron en la pared.

Algunas cosas del **techo** comenzaron a caerse y ahí supieron que si se quedaban en el medio de la habitación, podrían sufrir algún daño.

-¿Qué haremos? –preguntó el menor de ellos.

-Vamos a ir por nuestros padres –respondieron los otros dos.

-Ellos no están aquí y lo sabes –respondió el menor con **amargura** y desesperación.

-No lo sabemos... -Esto fue dicho con una voz muy lenta y misteriosa.

Se arrastraron desde la pared hasta la puerta. Al llegar allí, **giraron el picaporte** y siguieron el mismo **procedimiento**: no separarse de la pared. Veían cómo las cosas en el pasillo y la sala comenzaban a caerse también, pero nada podían hacer, si se acercaban a la mitad del pasillo o la sala, sufrirían algún daño.

-¡Padres! –Dijeron los tres, pero nadie contestó.

En medio del temblor, **un silencio insidioso retornó**, pero el mayor de los hermanos propuso un plan fantástico:

-Hagamos algo. Cada uno de ustedes irá a una habitación diferente, vamos a explorarlas todas. Ellos deben estar en algún lugar. Cuando hayan terminado la búsqueda, nos veremos aquí otra vez, **¿Qué le parece?**

-Pero... -Comenzó el menor. El otro se quedó paralizado-. Si estuviesen aquí ya habrían salido...

Pero el mayor de ellos, enojado, dijo:

-¡Comiencen!

Y eso hicieron, fueron a cada habitación, tanto las que ellos usaban como las que estaban abandonadas, con **utensilios antiguos** que nunca más usarían. Fueron hacia la habitación en donde lavaban la ropa. Pero no, no estaban en ningún lugar. Era muy extraño y el menor de ellos tenía razón. Un terremoto es algo importante, algo grande, cualquier humano, al sentirlo, hubiese salido rápidamente de donde sea que se encontrara.

Pasaron los minutos y todos llegaron otra vez a la sala, preocupados y desesperados.

Todo estaba destrozado, muchos cuadros en el piso y los muebles movidos. El mayor iba a decir algo pero el terremoto cesó y algo más ocurrió. **Una luz incandescente** iluminó la sala. No fue fácil subir la vista pero cuando lo hicieron, la **intensidad** de la luz había desaparecido y supieron la verdad: dos humanos enormes sostenían el techo con una toalla inmensa, dispuestos a limpiar. Y allí se dieron cuenta de que ellos eran juguetes viviendo en una pequeña casa, y la diversión que tenían era **ficticia**, no era real.

-Vamos, regresemos –dijo el mayor y todos lo siguieron.

Subieron a su destrozada habitación y durmieron durante toda la noche y una gran parte del día siguiente. Nunca más se divirtieron juntos.

VOCABULARY

Nidos - *Nests*

Los búhos – *The owls*

Se había adueñado - *Had taken over*

El sueño venía a atraparlos - *The sleepiness came over them*

Con claridad - *With clarity*

Dicta - *Dictates*

Conciliar el sueño - *To fall asleep*

Trasladarse - *To transfer*

Temblar - *To tremble*

No pudo soportarlo - *He couldn't stand it*

Latir rápidamente - *To beat rapidly*

Parecía que todo adquiría más - *It appeared that everything was getting more*

A medida que - *As*

Desconcertados - *Puzzled*

Poseían cierta madurez - *They had a certain maturity*

Terremoto - *Earthquake*

Invadido - *Invaded*

Cobijas - *Blankets*

Equilibrio - *Balance*

El bombillo - *The light bulb*

Techo - *Ceiling*

Amargura - *Bitterness*

Se arrastraron - *They crawled*

Giraron el picaporte - *They turned the handle*

Procedimiento - *Procedure*

Un silencio insidioso retornó - *An insidious silence returned*

¿Qué les parece? - *What do you think?*

Utensilios antiguos - *Old utensils*

Destrozado - *Shattered*

Una luz incandescente - *An incandescent light*

Intensidad - *Intensity*

Ficticia - *Fictional*

Resumen de la historia

Tres hermanos juegan videojuegos durante la noche, están tranquilos y felices excepto uno de ellos el cual tiene un presentimiento extraño. El hermano mayor les dice a todos que se vayan a dormir. El hermano menor cuando va a dormir siente que tiene pesadillas sobre un terremoto, hasta que abre los ojos y todos lo están mirando, allí sabe que el terremoto es real. Todos se levantan rápidamente y recogen los cuadros. Bajan a la sala para saber en dónde están sus padres pero cuando el techo se levanta, descubren una gran verdad y regresan a su habitación.

SUMMARY OF THE STORY

Three brothers are playing their favorite video games as usual on a Friday night. The youngest suddenly has a strange feeling as if something doesn't feel quite right. As it gets late the older brother tells the other two to go to sleep. Upon falling asleep the younger brother has nightmares about an earthquake, until he opens his eyes and everyone is staring at him. He immediately realizes this wasn't a nightmare at all and the earthquake is very real. All three of them get up quickly and scramble around the room to pick up the fallen items from the walls. They go down to the living room to figure out where their parents had gone, but when the roof suddenly comes off, they discover a devastating secret about their reality.

Questions About the Story

1. ¿Cuántos hermanos había en la casa?

   A. 3
   B. 5
   C. 3
   D. Ninguno

2. ¿Quién decidió que debían irse a dormir?

   A. La hermana pequeña que vivía con ellos
   B. La madre que acababa de llegar del mercado
   C. El menor
   D. El mayor

3. ¿Qué sorpresa encontró el menor cuando despertó?

   A. Todos los cuadros del cuarto estaban caídos
   B. Todos lo estaban mirando
   C. El bombillo de la lámpara estaba destrozado
   D. Todos estaban durmiendo y todo estaba en silencio

4. ¿Qué les ocurría a los cuadros de las paredes?

   A. Se caían de las paredes
   B. Se partían al caerse
   C. Se escondían debajo de las camas
   D. No les pasaba absolutamente nada

5. ¿Qué vieron los hermanos cuando el techo fue levantado?

    A. Tres gatos y dos hermanos más
    B. Una luz muy blanca que no los dejaba ver
    C. Un par de ojos
    D. Dos humanos gigantes

Answers

1. **A**
2. **C**
3. **B**
4. **A**
5. **D**

Chapter 10. Marionetas

El sol quemaba sus pequeñas piernitas. Encima de aquella mesa estaban varios libros y dos personas pequeñas **hechas de madera**. Ellos no tenían el control de sus cuerpos. Sólo estaban allí, esperando a ser manipulados hasta morir, aunque ellos pensaban que nunca morirían.

-¿Cómo te sientes? –preguntó Alejandra. Su pelo llegaba a sus hombros y sus ojos eran muy oscuros.

-Aún me duelen mis pies –respondió Juan. Juan era **el nuevo integrante** de la familia.

-Sí, lo imagino –dijo Alejandra **apenada**-. Cuando te lanzó aquí, te golpeaste tus pequeñas piernas. Creo que allí tienes alguna magulladura.

-Sí, así es. No importa, nunca sanará –dijo Juan con pesar y lamento.

Alejandra no dijo nada más.

El silenció duró varios minutos. Los minutos se convirtieron en horas y no sintieron ninguna presencia en **el ambiente**. Estaban seguros. Estaban **a salvo**. Juan estaba a punto de llorar pero reunió valor y le preguntó a Alejandra:

-¿Por qué estamos aquí? ¿Quién es él? ¿Qué pasará con nosotros? ¿Cuánto tiempo llevas aquí?

Eran muchas preguntas que Alejandra debía responder. Pero ella sabía que Juan era un nuevo miembro de aquella **familia eterna** y podría responderle aquellas preguntas.

-No sé qué pasará con nosotros –respondió Alejandra.

Llevaba demasiado tiempo allí. Cuando entró allí estaba en la escuela y muchas veces, a través de la ventana, vio a varias personas que ella conoció en la escuela. Cuando Alejandra recordaba esto, ella sólo quería llorar sin parar.

-Debes saber que nosotros no somos los únicos –Alejandra suspiró antes de continuar-. Hay más, muchos más. Yo siempre estoy aquí, en esta mesa, y probablemente tú te quedes conmigo también, pero mira hacia allá –y señaló el fondo de la sala-. **Atravesando** esa puerta hay más personas igual que nosotros, los cuales no pueden moverse por sí mismos y fueron atrapados en la misma **época** en la que yo fui atrapada.

Juan se estremeció y Alejandra prosiguió.`

-En este instante, yo ya no sé quién es él, hace mucho dejé de saberlo. Pensé que era mi amigo. Pero… Tengo una pregunta, ¿en dónde te encontró a ti?

Juan en ese instante supo que estaría allí por el resto de sus días.

-Yo asistía a una escuela de música. Yo toco la guitarra. Esta persona… También estaba allí y en una de las clases hubo una confusión. Alguien estaba hablando cosas feas de él. Él no se encontraba en la habitación en ese instante. Yo lo defendí varias veces pero alguien le dijo algo diferente pues él creyó que yo era **el culpable**, el que decía cosas feas. Se negó a escuchar mis explicaciones. El último día de clases, tuve una gran discusión y él nunca me dejó de hablar. Cuando salí de aquel lugar y me dirigí hacia mi casa, en la mitad del camino lo encontré y **me desmayé**, desde ese entonces estoy aquí. ¿Y tú?

Alejandra se estremeció.

-Lo siento mucho... -Se lamentó ella-. Creo que **es hora de que te cuente** cómo yo terminé aquí antes de que él llegue.

Alejandra le contó toda la historia.

Hace muchos años ella estudiaba en una escuela en el centro de la ciudad. Era muy feliz allí porque tenía muchos amigos. Aún recuerda su primer día, incluso cómo estaba vestida. **Tenía dos colitas en su cabello** y su uniforme estaba bastante limpio. Cuando llegó a la puerta de la escuela otra chica comenzó a hablarle y desde ese entonces se hicieron amigas.

-¿En dónde está ella? –Preguntó Juan.

-Allí... -Dijo Alejandra y prosiguió.

Las puertas se abrieron y todos los niños entraron a aquella gran escuela. Cuando Alejandra entró, giró su cabeza y vio a su madre saludándola. Su madre gritó: "Te espero aquí cuando salgas. Te compraré un helado".

-No pensé que ese día sería la última vez que la vería –dijo Alejandra.

Todos entraron al salón. Eran desconocidos pero los niños no son tímidos y siempre saben cómo hacer amigos. A pesar de que cuando entraron nadie se hablaba, excepto Alejandra y su nueva amiga. Rápidamente todos comenzaron a unirse y a conversar entre sí y Alejandra se sintió muy alegre. Miró a su nueva amiga y estuvo sonriendo. Minutos después la profesora entró al salón y dijo: "Buenos días".

-Todos dijimos lo mismo. Esa profesora era muy amable. La extraño –Alejandra suspiró.

La profesora mandó a cada uno a levantarse de su **pupitre**. Cada uno debía decir su nombre, en dónde vivía, y sus **pasatiempos** favoritos. Todos lo hicieron y así muchos se hicieron amigos en ese instante debido a las cosas en común que tenían. Pero uno de ellos no quiso hacerlo. Uno de ellos se negó. Era el único niño al final de la clase que no quería hablar con nadie más.

-Y no sé de dónde salió él, nunca lo había visto –dijo Alejandra con estupor.

La profesora lo mandó a levantarse pero él no quiso hacerlo. Todos son niños, era inevitable lo que iba a ocurrir. Uno de ellos dijo: "No seas tonto". Y esto lo ofendió mucho pues todos se unieron y le indicaron que dejase de ser tonto. Ese fue el inicio de la pesadilla.

-Ese día el niño no habló y la profesora lo ignoró. Pero, durante los días siguientes, menos personas asistieron a la clase. Durante los últimos días había poco niños en aquel salón. Era **impresionante** porque en el primer día no había suficientes pupitres para todos ellos.

Y así, **paulatinamente**, todos los niños desaparecieron, excepto él. Nunca nadie supo su nombre, tampoco conocieron a sus padres.

-Y yo... Bueno. Lo último que recuerdo es haberlo visto en el salón de clases solo. El sólo me miró y me desmayé. Desde ese entonces aquí estoy... ¡Silencio! –Le indicó a Juan.

La puerta se abrió y alguien entró. Miró a Alejandra y a Juan inmóviles en la mesa. Alejandra vio que él tenía dos **marionetas** en su mano. Las dejó en la mesa y se marchó. En el desconcierto de los nuevos integrantes, Alejandra les dijo:

-Lo siento mucho.

Vocabulary

Hechas de madera - *Made of wood*

El nuevo integrante - *The new member*

Apenada - *Distressed*

El ambiente - *The environment*

A salvo - *Safe*

Familia eterna - *Eternal family*

Atravesando – *Going through*

Época - *Time period*

El culpable – *The guilty one*

Me desmayé - *I fainted*

Es hora de que te cuente - *It's about time I tell you*

Tenía dos colitas en su cabello - *She had two pig tails in her hair*

Pupitre - *Desk*

Pasatiempos - *Hobbies*

Impresionante - *Impressive*

Paulatinamente - *Gradually*

Marionetas - *Puppets*

Resumen de la historia

Alejandra estaba emocionada por su primer día de clases. Tenía un uniforme limpio y colitas en su cabello. En su primer día, encontró a un niño que nunca quería hablar ni participar en las actividades. Lamentablemente, alguien decidió burlarse de aquel niño. Ahí las pesadillas comenzaron. Todos los días desaparecía un niño de aquel salón hasta que quedó Alejandra, ella era la última. Todo lo que puede recordar es estar parada, en el medio del salón, sola, con el niño frente a ella. Alejandra se desmayó y despertó descubriendo una horrible verdad: ya no era un humano, era una marioneta.

SUMMARY OF THE STORY

Alejandra was excited for the first day of school with a clean uniform and cute pigtails in her hair. In her first class there was a boy who never wanted to talk to anyone or participate in activities. Sadly, one of the students decided to make fun of the boy and that is when all of the nightmares began. Day by day, one by one each child in the classroom began to disappear until the only one left was Alejandra. All she can remember is standing alone in the classroom with the boy and then fainting. When she woke up she discovered she was no longer human but had been turned into a puppet.

Questions About the Story

1. ¿Qué había encima de la mesa al lado de Juan y Alejandra?

   A. Varios libros
   B. Una vela
   C. Una linterna
   D. Muchos cuadernos y muchos lápices

2. ¿Qué veía Alejandra cuando miraba a través de la ventana?

   A. No miraba a nadie
   B. A muchos perros y muchos niños correr
   C. Varias personas que conoció en la escuela
   D. Ancianos hablando durante todo el día

3. ¿Qué instrumento tocaba Juan cuando estaba en la escuela de música?

   A. La batería y el bajo
   B. El saxofón
   C. No tocaba ningún instrument
   D. La guitarra

4. ¿Qué tenía Alejandra en su cabello durante el primer día de clases?

   A. Una cola de caballo
   B. Tenía dos colitas en su cabello
   C. Tenía su cabello completamente suelto
   D. Nada

5. ¿Qué le ocurrió a Alejandra antes de terminar convertida en una marioneta?

   A. Se desmayó
   B. Jugaba
   C. Hablaba
   D. Escribía en su cuaderno

Answers

1. **A**
2. **C**
3. **D**
4. **B**
5. **A**

Conclusion

Congratulations reader, you made it!

At this point we have shared some laughs, learned some Spanish and more importantly had fun. From here we recommend that you go back through the stories and read them again as your comprehension has surely improved and you're bound to pick up something you may not have seen the first time. The best way to learn this material is through repetition and understanding the words in context. With your expanded vocabulary and improved Spanish skills we also encourage you to even write your own stories! We want to thank you for reading our book and we truly hope you had a wonderful time and learned something new with our Spanish Short Stories.

Keep an eye out for more books in the series as our mission is to serve you, the reader with engaging, fun language learning material.

About the Author

Touri is an innovative language education brand that is disrupting the way we learn languages. Touri has a mission to make sure language learning is not just easier but engaging and a ton of fun.

Besides the excellent books that they create, Touri also has an active website, which offers live fun and immersive 1-on-1 online language lessons with native instructors at nearly anytime of the day.

Additionally, Touri provides the best tips to improving your memory retention, confidence while speaking and fast track your progress on your journey to fluency.

Check out https://touri.co for more information.

OTHER BOOKS BY TOURI

GERMAN

Conversational German Dialogues: 50 German Conversations and Short Stories

German Short Stories (Volume 1): 10 Exciting Short Stories to Easily Learn German & Improve Your Vocabulary

ITALIAN

Conversational Italian Dialogues: 50 Italian Conversations and Short Stories

Italian Short Stories (Volume 1): 10 Exciting Short Stories to Easily Learn Italian & Improve Your Vocabulary

SPANISH

Conversational Spanish Dialogues: 50 Spanish Conversations and Short Stories

Spanish Short Stories (Volume 1): 10 Exciting Short Stories to Easily Learn Spanish & Improve Your Vocabulary

Spanish Short Stories (Volume 2): 10 Exciting Short Stories to Easily Learn Spanish & Improve Your Vocabulary

Intermediate Spanish Short Stories (Volume 1): 10 Amazing Short Tales to Learn Spanish & Quickly Grow Your Vocabulary the Fun Way!

Intermediate Spanish Short Stories (Volume 2): 10 Amazing Short Tales to Learn Spanish & Quickly Grow Your Vocabulary the Fun Way!

100 Days of Real World Spanish: Useful Words & Phrases for All Levels to Help You Become Fluent Faster

100 Day Medical Spanish Challenge: Daily List of Relevant Medical Spanish Words & Phrases to Help You Become Fluent

FRENCH

Conversational French Dialogues: 50 French Conversations and Short Stories

French Short Stories for Beginners (Volume 1): 10 Exciting Short Stories to Easily Learn French & Improve Your Vocabulary

French Short Stories for Beginners (Volume 2): 10 Exciting Short Stories to Easily Learn French & Improve Your Vocabulary

Intermediate French Short Stories (Volume 1): 10 Amazing Short Tales to Learn French & Quickly Grow Your Vocabulary the Fun Way!

PORTUGUESE

Conversational Portuguese Dialogues: 50 Portuguese Conversations and Short Stories

ARABIC

Conversational Arabic Dialogues: 50 Arabic Conversations and Short Stories

RUSSIAN

Conversational Russian Dialogues: 50 Russian Conversations and Short Stories

CHINESE

Conversational Chinese Dialogues: 50 Chinese Conversations and Short Stories

One Last Thing...

If you enjoyed this book or found it useful we would be very grateful if you posted a short review on Amazon.

Your support really does make a difference and we read all the reviews personally. Your feedback will make this book even better.

Thanks again for your support!

FREE SPANISH VIDEO COURSE

200+ words and phrases in audio
you can start using today!
Get it while it's available

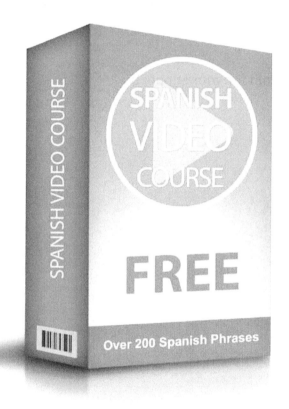

https://touri.co/freespanishvideocourse-spanish-iss-vol1/

Free Audiobooks

Touri has partnered with AudiobookRocket.com!

If you love audiobooks, here is your opportunity to get the NEWEST audiobooks completely FREE!

Thrillers, Fantasy, Young Adult, Kids, African-American Fiction, Women's Fiction, Sci-Fi, Comedy, Classics and many more genres!

Visit AudiobookRocket.com!